OBERKIRCH

Anton
Palm

Zum treuen
Bartel

Schuhbäck

Ritter

BADEN-WÜRTTEMBERG

Umschlag vorne:
Am und im Bodensee gehen Baden und Württemberg nahtlos ineinander über. Der größte Teil des deutschen Ufers gehört trotz seines Spitznamens «Schwäbisches Meer» zu Baden. Der Blick vom hochgelegenen Meersburger Schloßgarten auf die weite Wasserfläche des Bodensees mit den Farbtupfern der «Weißen Flotte» wirkt auf die meisten Betrachter berauschend – und dies nicht wegen des Meersburger Weißherbstes, sondern wegen des Panoramas.

Vorsatz vorne:
Am Schloßplatz im Zentrum der Landeshauptstadt schlägt das Herz der Schwabenmetropole – nur in den Morgenstunden eines Sonntages oder in dem Park zwischen Neuem Schloß und Wilhelmsbau findet man seine Ruhe.

Frontispiz und Seite 201:
Markenzeichen Gastlichkeit. Der deutsche Südwesten übertrifft an Küchenkunst alle anderen Bundesländer. Die inspirierende Nachbarschaft zum Elsaß und zur Schweiz hat in Verbindung mit hochwertigen Produkten und einer regionalen Tradition Baden-Württemberg auch in kulinarischer Hinsicht zum Musterland werden lassen. Und dieses Lob ist beileibe nicht nur auf die mit Sternen oder Mützen ausgezeichneten Gourmettempel gemünzt, sondern trifft auch auf viele Gasthäuser und «Wirtschäftle», sogar auf Vesperstuben und Straußwirtschaften zu. Oft zeigt schon das Äußere, welches Ambiente, welchen Standard der Gast drinnen erwarten kann. In Oberkirch ist es sicher ein Klingelberger, der den Besucher anzieht, in Mosbach dagegen wird es eher ein edles Gewächs von den Hängen am Neckar sein. Wer beim «Treuen Bartel» in Markgröningen einkehrt, wird sicher einen Trollinger zum Vesper bestellen, das nach einer Wanderung an Elz- oder Donauquelle von der Martinskapelle im Schwarzwald aus schon reichhaltig sein muß. Der «Schuhbäck» in Bad Urach wird eine Brezel dazu servieren, rühmt sich die Stadt doch, dieses seltsame Gebäck erfunden zu haben. Und in Durbach, wo der «Ritter» über dem Eingang hängt, geht der Blick direkt in die prallen Rebhänge der Ortenau. Der «Wilde Mann» in Waldshut am Hochrhein hat schon manchen Hungrigen gezähmt; beim Gasthaus «Schützen» in Freiburg kann der Gast Volltreffer landen; der «Goldene Engel» im Glottertal, nicht weit von der «Schwarzwaldklinik» entfernt, verspricht himmlische Freuden; das Weinangebot der «Sonne» im Kaiserstuhl-Dorf Amoltern bei Endingen läßt einen jeden Kenner strahlen; der zur Schau gestellte Bierkrug im «Stammhaus» von Riegel am Kaiserstuhl symbolisiert die Tradition einer Brauerei mitten im Weingebiet; im «König Preußen» von Frauenalb im Nordschwarzwald braucht sich kein Gast an den Drill und die Disziplin verflossener Zeiten zu halten, als die Preußen – mehr als ein Jahrhundert ist's her – auf den Südwesten begehrliche Blicke warfen.

Vorsatz hinten:
Der Natur auf die Spur gelangt man im Schwarzwald auf Schritt und Tritt. Dieses größte deutsche Mittelgebirge ist ein Wandergebiet par excellence. Der Hohlohsee bei Kaltenbrunn im Nordschwarzwald zeigt, daß Naturfreunde hier fast urweltliche Ansichten genießen können – gerade deshalb sind sie zum Schutz der sensiblen Landschaften aufgerufen.

Umschlag hinten:
Dämonentreiben in Reinkultur: die schwäbisch-alemannische «Fasnet» als Inbegriff der Volkskultur, die über die Jahrhunderte lebendig geblieben ist und in vielen traditionsreichen Narrennestern urwüchsige Kraft bewahrt hat. Die grausig-faszinierenden hölzernen Fratzen der «Elzacher Schuddig» sind mit Hunderten von Schneckenhäusern bedeckt. Der Elzacher Umzug zählt zu den eindrucksvollsten Höhepunkten der «fünften Jahreszeit».

BADEN-WÜRTTEMBERG

Hans-Jürgen Truöl
Joachim Ott

Reich Verlag
terra magica

Gestaltung:
Alfred und Daphné Schwegler
Lektorat: Daniela Walker
Übersetzung des englischsprachigen Textteils: Edward A. Taylor
Übersetzung des französischsprachigen Textteils: Eric Vaucher

Printed in Spain

ISBN 3-7243-0268-1

Für Tanja, Sebastian und Timo
H.-J. T.

Für Gretel und Hannes
J. O.

Fotonachweis:
Hans-Jürgen Truöl: Schutzumschlag, Frontispiz oben und unten, Seite 201 oben, Mitte und unten links, Seite 34 unten, 35, 36, 37, 38, 39, 40, 41, 42/43, 44, 57, 58, 59, 60, 61, 62, 63, 64/65, 66, 68, 77, 78, 79, 80/81, 83, 84, 85, 86, 88, 104, 107 unten, 108, 121, 122, 123 unten, 124, 125 oben, 126/127, 129 oben, 130, 131, 132, 141, 142, 143, 144/145, 146, 147, 162 oben links, 163/164, 177

Joachim Ott: Frontispiz Mitte, Seite 201 unten rechts, Seite 13, 14, 15, 16/17, 18, 19, 20, 21, 22, 23, 24, 33, 34 oben, 67, 82, 87, 97, 98, 99, 100, 101, 102/103, 105, 106, 107 oben, 123 oben, 125 unten, 128, 129 unten, 148, 157, 158, 159, 160, 161, 162 oben rechts und unten, 165, 166/167, 168, 178, 179, 180, 181, 182, 183, 184, 185, 186, 187, 188

Die Bindestrich-Familie

Zuerst ein Bad in den Thermen, dann zum Wirt auf dem Berg, um ein Viertele zu «schlotzen»: schon der Name des Bundeslandes Baden-Württemberg verheißt Lebensfreude, Behaglichkeit und landschaftlichen Reiz. Der deutsche Südwesten zählt völlig zu Recht zu den herausragenden mitteleuropäischen Regionen – kulturell, wirtschaftlich und geographisch gesehen. Die Entstehung des Bundeslandes aber war von allerhand Geburtswehen begleitet, worauf schon der Bindestrich hinweist.

Um im Bild zu bleiben: Baden-Württemberg wurde 1952 aus der Taufe gehoben, steht also gerade an der Schwelle zum Schwabenalter, mit dem ja bekanntlich die jugendliche Sturm-und-Drang-Zeit endet und das stattdessen Besonnenheit, Reife, Seßhaftigkeit, kurz: das Erwachsensein markiert.

Ist Baden-Württemberg aus den Kinderschuhen herausgewachsen, mündig geworden? Zweifellos – ohne jedoch jugendlichen Charme und Vitalität verloren zu haben. Und da es sich bei den Bewohnern des drittgrößten Bundeslandes in der Regel um bodenständige Pragmatiker handelt, interpretieren sie den Bindestrich zwischen den beiden Landesteilen mit großer Mehrheit nicht als Trennungslinie, sondern als verbindende Klammer. So konnte in den letzten Jahrzehnten mehr und mehr zusammenwachsen, was – historisch gesehen – ohnehin zusammengehört.

Wäre es allerdings ausschließlich nach dem Willen der badischen Familie gegangen, gäbe es keine Verbindung mit der schwäbischen Verwandtschaft. Bei der Volksabstimmung 1951 sperrte sich eine badische Mehrheit gegen ein gemeinsames Haus; vor allem Südbaden wehrte sich mit Zähnen und Klauen dagegen. In den württembergischen Landesteilen allerdings überwogen die für den Zusammenschluß argumentierenden Stimmen so deutlich, daß als Ergebnis des demokratischen Prozesses die Hochzeitsglocken doch noch läuten konnten. Manche Altbadener im Regierungsbezirk Freiburg aber haben bis zum heutigen Tag nicht vergessen, daß der Südweststaat damals in Südbaden keine mehrheitliche Basis fand und es schon des bevölkerungsmäßigen Übergewichts von Nordbaden, Nordwürttemberg und Württemberg-Hohenzollern bedurfte, um das neue politische Gebilde ins Leben zu rufen.

Vielleicht gerade weil sich Badener und Württemberger so ähnlich sind, haben sie selbst kaum Schwierigkeiten mit der Bewertung ihrer Verbindung: um eine Liebesheirat handelt es sich zweifellos nicht, viel eher um eine Vernunftehe. Die ist zwar nur selten von Ekstase oder überschäumender Erotik geprägt, doch wer hinter die rauhe Schale zu blicken gelernt hat, wird durchaus eine partnerschaftliche Basis, ja sogar eine Art herzhafter Zuneigung entdecken.

Als Eheanbahnungsinstitut fungierten nach dem Zweiten Weltkrieg die Alliierten, vor allem die Franzosen und Amerikaner. Von Anfang an keine Diskussion gab es über den Hauptwohnsitz der Frischvermählten: diese richteten sich in Stuttgart mehr oder weniger wohnlich ein und entwickelten die größte Stadt des Südweststaats zur ausstrahlenden Landeshauptstadt. Zwar giftete die badische Verwandtschaft aus Karlsruhe und Freiburg noch ein Weilchen darüber, daß der Traualtar im Herzen des Schwabenlandes aufgebaut worden war, doch eine ernsthafte Alternative gab es ja nicht.

Badische Braut und württembergischer Bräutigam brachten aber nicht nur eine schöne Mitgift in die Ehe ein, sondern auch den je eigenen Namen als Beleg ihrer Eigenständigkeit. Lange zerbrachen sich die Standesbeamten und Trauzeugen den Kopf über den neuen Familiennamen. «Südweststaat» klang zu sachlich, zu künstlich und unhistorisch; «Alamannien» wiederum war nicht korrekt – weil Alemannen auch im Elsaß, in der Nordschweiz und in Vorderösterreich Wurzeln geschlagen hatten. Zum Glück zeigten sich die Schwaben einsichtig und gestanden der Braut den Vortritt zu. So darf sie es durchaus als Ausdruck der Emanzipation und Toleranz verstehen, daß ihr Name vor dem Bindestrich steht und nicht in einem Groß-Schwaben untergegangen ist. Natürlich gibt's auch alphabetische Gründe für diese Zusammensetzung, und aus dieser Tatsache leitet sich die Vorrangstellung Baden-Württembergs unter allen deutschen Bundesländern ab: selbst Bayern, der Freistaat im Osten, und Berlin, die Metropole, können da nicht ganz mithalten.

Schwobe und Allemagne

Als ein Namensvorschlag für das neue Bundesland wurde 1952 auch der Begriff «Rhein-Schwaben» ausgeheckt. Damit hätten sich vermutlich die Preußen und andere Nordlichter leicht anfreunden können, für die ja alle Baden-Württemberger sowieso Schwaben sind. Und diese Bezeichnung wenden ja – witzigerweise, aber durchaus nicht immer lustig gemeint – unsere Schweizer Nachbarn an, wenn sie die Deutschen etwas abschätzig bezeichnen wollen: «Schwobe» heißen bei den Schweizern nicht nur die Schwaben und Badener, sondern auch Franken, Preußen und Westfalen. Auch die deutschsprachigen, also alemannischen Elsässer verstehen unter einem Schwaben nicht nur den Bewohner des benachbarten rechtsrheinischen Bundeslandes. Ein «Schwob» kann für sie auch in Frankfurt oder Nürnberg leben. Und um die Verwirrung komplett zu machen, sei noch auf den romanischen Sprachraum hingewiesen: da heißt ganz Deutschland Allemagne oder Alemania, und les Allemands können Hessen sein, ebenso wie Sachsen oder Bayern. Verzwickt, was? – «Sell isch es.»

In Wirklichkeit aber sind die Verwicklungen und Differenzierungen noch viel komplizierter. Denn die stammesgeschichtlichen Hintergründe werden von den Grenzen des Bundeslandes Baden-Württemberg nur unvollständig erfaßt, das deshalb durchaus auch als ein politisches Kunstgebilde verstanden werden kann.

Fangen wir im Norden an, in jenem Landesteil, der einst als «Badisch-Sibirien» verspottet wurde. Damals lief es einem Stuttgarter oder Karlsruher Beamten wohl kalt über den Rücken herunter, wenn die Versetzung in die tiefste Provinz – Odenwald und Bauland – drohte. Damit hatte dieses Gebiet seinen frostigen Spitznamen weg, eben «Badisch-Sibirien». Dort lebt aber alles andere als ein unterkühlter Menschenschlag. Wer darüber hinaus einen Wertheimer oder Crailsheimer als «Schwaben» bezeichnen würde, müßte wohl mit dem Schwäbischen Gruß rechnen. Denn Schwaben wollen sie nicht sein und sind sie nicht, die Hohenloher Franken. Für Bad Mergentheim liegt Würzburg ebenso vor der Haustür wie für Creglingen Nürnberg – und so fühlt sich dieser nordöstliche Teil Baden-Württembergs dem naheliegenden Franken eng verbunden.

Und wie steht es mit den Nordbadenern, die in Mannheim, an der Bergstraße oder am Unteren Neckar leben? Auch die haben mit Karlsruhe oder gar mit Stuttgart nur selten etwas am Hut, sind doch die historischen Verknüpfungen mit der Rheinpfalz weitaus stärker im Bewußtsein. Dies zeigt sich etwa an den verflochtenen Partnerstädten Mannheim und Ludwigshafen, deren Rheinbrücken durchaus Symbolcharakter haben. Auch nicht zu vergessen ist, daß von der nordbadischen Wachenburg über Weinheim an der Bergstraße die Jugendstilfassaden des hessischen Darmstadt fast schon in Sichtweite liegen.

Einen Heidelberger – dessen Schloß immerhin die schwäbische Lebensader Neckar überragt – als Schwaben zu titulieren kommt nahezu einer Beleidigung gleich.

Sind denn nun wenigstens die im Südosten beheimateten Oberschwaben wirklich die Ober-Schwaben, sozusagen die Crème des «Ländles»? Ein Hohenzoller Württemberger aus Sigmaringen wird sich nur unter großen Verrenkungen mit einem Remstäler Schwaben in einen Topf werfen lassen. Gerade dort, in Waiblingen oder Schorndorf, vermutet ja der Unwissende die richtigen Ober-Schwaben, diejenigen also, deren Lebensziel das «Häusle» ist und deren Kalender von der Kehrwoche bestimmt wird.

Im Südosten hat Baden-Württemberg nicht nur Anteil am Bodensee, dem heute fälschlicherweise als «Schwäbisches Meer» bezeichneten größten See Deutschlands, sondern auch am Allgäu. In dieser sanften Voralpenlandschaft ist Österreich nah, vor allem aber Bayern.

Wo liegt nun aber das «Schwabenland»? Um dieses sagenumwobene Gebiet endlich zu finden, schließen wir uns wohl am besten den Sieben Schwaben an: Der Seehas stammt aus Überlingen, ist also ein Südbadener. Der Allgäuer kommt aus Oberschwaben. Der Nestelschwab hat seine Heimat in der Schweiz, der Gelbfüßler in Bopfingen am Nordrand der Schwäbischen Alb. Der Knöpflesschwab lebt im Nördlinger Ries, der Blitzschwab im Augsburger Lechfeld und der Spiegelschwab im Allgäu bei Memmingen – alle drei sind sie also im heutigen Bayern beheimatet.

Nun hilft uns nur noch der Blick zurück. Denn im Mittelalter gab es ein Schwäbisches Herzogtum, das flächenmäßig weit größer war als das heutige Bundesland Baden-Württemberg. Es erstreckte sich sogar über die Alpen bis fast an den Comer See in Norditalien, nach Chiavenna, und umfaßte auch den östlichen Teil der Schweiz, Zürich und Chur eingeschlossen. Im Norden erreichte dieses Herzogtum die Mündung des Neckars in den Rhein, und im Osten bildete der Lech seine Grenze. So sind Augsburg oder Kempten heute zwar bayerische Städte, im Kern aber Bestandteile des schwäbischen Gebietes. Aus dieser historischen Warte heraus kann der Bodensee also tatsächlich als «Schwäbisches Meer» bezeichnet werden, weil er ja in etwa die geographische Mitte des Herzogtums Schwaben bildete. Verständlich, daß sich die Sieben Schwaben an seinen Ufern zur Schlachtordnung aufstellten und das gruslige Ungeheuer bekämpfen wollten: «Gang Jackele, gang du voran, du hast Sporen und Stiefel an, daß dich der Has nicht beißen kann.»

Betrachtet man sich das heutige Baden-Württemberg auf einer Landkarte, so wirkt der badische Landesteil – aus württembergischer Sicht – recht umspannend. Ja, man könnte sagen, Baden nimmt das eiförmige Württemberg sogar ein wenig in die Zange. Frühere Beobachter fühlten sich an einen Stulpenstiefel erinnert. Die Stiefelspitze reicht bis an den Bodensee, wobei die Zehen vom Linzgau, von der Mainau, dem Bodanrück, der Reichenau und der Höri gebildet werden. Der langgestreckte, stabile Schaft besteht aus dem Schwarzwald, die Naht aus dem Oberrhein, der Kraichgau umfaßt das Knie, während die gut ausgepolsterte Stulpe dem Neckar entlang vom Odenwald und Bauland bis zum Main hinüberführt.

Der badische Stiefel ... der Württemberger Apfel

In der Tat erinnert Badens Fläche ganz entfernt und natürlich in viel kleineren Dimensionen an einen seitenverkehrten italienischen Stiefel – vor allem wegen der römischen Kultureinflüsse auf den deutschen Südwesten sei dieser Vergleich gestattet.

Württemberg wirkt im Vergleich dazu abgerundet und in sich geschlossen, ist sozusagen aus einem Guß. Dies stimmt aber nur dann, wenn man das einstige Hohenzollern außer acht läßt, das sich zwischen Sigmaringen und Hechingen wie ein Stachel ins einstige Königreich Württemberg hineingebohrt hat.

Ein Blick aufs baden-württembergische Landeswappen offenbart dem Kenner die historischen Wurzeln und zeigt, wie aus Vielfalt Einheit entstehen kann. Dominierend auf dem Wappenschild sind drei schwarze staufische Löwen auf gelbem Grund. Diese Könige der Tierwelt sind in Ruhehaltung dargestellt, doch haben sie eine Tatze drohend erhoben und zeigen die Zähne. Die Staufer, als schwäbische Herzöge und deutsche Kaiser hervorgetreten, bilden zweifellos das für die Entwicklung des Landes wichtigste Geschlecht, stehen also korrekterweise im Wappenzentrum. In der darüberliegenden Wappenkrone hat das einstige Land Baden die heraldisch gesehen «vornehmste» Position inne: der rote Schrägbalken auf goldenem Grund steht halblinks für die badischen Markgrafen, während drei Hirschstangen auf gelbem Grund halbrechts die württembergischen Grafen symbolisieren. Diese beiden Geschlechter werden von vier kleineren Wappen umrahmt. Ganz links weisen drei silberne Spitzen auf rotem Grund auf das Herzogtum Ostfranken in Hohenlohe hin, halblinks bezeichnet der weiß-schwarz gevierte Schild die Hohenzollern. Halbrechts reckt sich auf schwarzem Grund ein goldener Löwe mit roter Krone für die einstigen Kurpfälzer Gebiete am Unteren Neckar, und ganz rechts kennzeichnet der rot-weiß-rote Bindenschild die Herrschaft der Habsburger am Oberrhein und in Oberschwaben: auch Vorderösterreich hinterließ Spuren. Gehalten wird das Landeswappen vom württembergischen Hirsch auf der linken und vom badischen Greifen auf der rechten Seite. Und da diesmal der württembergische Schildhalter auf der bevorzugten Seite steht, ist ein Ausgleich geschaffen – womit einmal mehr gezeigt wird, wie schwierig sich die Arbeit der Heraldiker gestalten kann. Freilich müßte auf dem Landeswappen noch einer Menge anderer Menschen außer Adligen ein Platz eingeräumt werden, um die Entwicklung Baden-Württembergs im Verlauf seiner sehr wechselvollen Geschichte darzustellen. Heute aber haben wir ja sowieso andere Wappen, andere Markenzeichen: der Mercedes-Stern ist in Los Angeles, Tokio und Timbuktu erheblich aussagekräftiger und ausstrahlender als der Staufer-Löwe. Und einen «Porsche» kennt jedes Kind in Seattle, während mit Vorderösterreich noch nicht einmal alle Stuttgarter etwas anfangen können.

Homo heidelbergensis, Kelten und Römer

Wissenschaftlichen Erkenntnissen zufolge sind die Knochenreste menschlicher oder zumindest menschenähnlicher Wesen, die in Afrika entdeckt wurden, drei oder gar vier Millionen Jahre alt. Schlug also auf dem afrikanischen Kontinent die Geburtsstunde der Menschheit? Bisher ist man davon ausgegangen – doch da sind noch die sensationellen Funde aus dem Hegau. Das nördliche Alpenvorland hat anscheinend schon vor Jahrmillionen unseren ersten Vorfahren Überlebenschancen und Entwicklungsmöglichkeiten gegeben. Jedenfalls entdeckten Forscher in der Oberen Süßwassermolasse Gegenstände, die äußerst primitive Steinwerkzeuge sein könnten. Als Obere Süßwassermolasse wird die Gesteinsschicht bezeichnet, die nach dem Rückzug des Meeres aus dem Alpenvorland den Erdboden bildete. Ihr Alter: neun bis zehn Millionen Jahre! Und so birgt der Hegau womöglich ein Geheimnis: die ältesten bisher bekannten Spuren des Menschen auf unserem Globus! Noch herrscht über diese Funde jedoch nicht die Klarheit, die wissenschaftliche Lehrgebäude in ihren Fundamenten zu erschüttern erlaubte.

Der Hegau bildet mit seinen surrealistisch anmutenden Vulkanschloten eine der faszinierendsten Landschaften im Süden Baden-Württembergs. Vom Erscheinungsbild her weit weniger spektakulär wirkt der Kraichgau, der eine sanft gewellte und sehr fruchtbare Brücke zwischen Nordschwarzwald und Odenwald bildet. Doch für die Erforscher unserer Vorgeschichte ist diese nordbadische Region *die* Fundstelle. Genauer: eine Kiesgrube im Dörfchen Mauer südlich von Heidelberg enthüllte weit zurückliegende Jahrhunderttausende. Dort entdeckte der Heidelberger Wissenschaftler Schoetensack Knochen von Tieren, die man zwar in Afrika, nicht aber in Südwestdeutschland heimisch wähnte: Elefanten, Nashörner, Löwen und Säbelzahntiger. Doch das war noch nicht alles. Ende Oktober 1907 stürmte ein Kiesgrubenarbeiter ins Gasthaus und rief aus: «Heit haw isch de Adam gfunne!» Der *Homo heidelbergensis* war geboren. Als menschlich wurde der in der Kiesgrube entdeckte Unterkiefer wegen seines Gebisses identifiziert, und so steht dieser Heidelberger Mensch – die Hegau-Diskussion jetzt einmal außer acht gelassen – am Beginn unserer Ahnenreihe in Europa.

Doch der deutsche Südwesten kann noch einen weiteren «Rekord» vorweisen: in der Vogelherdhöhle bei Stetten – zwischen Ulm und Heidenheim in der Schwäbischen Alb gelegen – wurden kleine Elfenbeintiere entdeckt, die als die ältesten Kunstwerke der Menschheit gelten. Altsteinzeitliche Höhlenbewohner haben vor 30000 Jahren aus dem Elfenbein erbeuteter Mammuts fünf bis sieben Zentimeter kleine Tierfiguren geschnitzt. Mit dem Wildpferdchen, dem Löwen und auch dem Menschen aus Elfenbein ist die Vogelherdhöhle im Lonetal eine Schatzkammer der Eiszeitjäger.

Die letzte Eiszeit endete vor rund 10000 Jahren. Die Gletscher aus den Alpen und den Mittelgebirgen formten nicht nur weite Teile des deutschen Südwestens, sondern prägten auch das Leben der umherstreifenden Jäger. Mit dem allmählichen Anstieg der Temperaturen änderten sich die natürlichen Voraussetzungen menschlicher Existenz: aus dem Jäger und Sammler wurde ein seßhafter Bauer und Viehhalter. In Baden-Württemberg haben sich die Ackerbauern der Jungsteinzeit am Ufer des Federsees und des Bodensees sowie an den Hochgestaden von Rhein, Donau, Neckar und Tauber angesiedelt. Wie unsere Vorfahren am Ende der Jungsteinzeit lebten, wird besonders im Unteruhldinger Freilichtmuseum vor Augen geführt. Der Archäologe Reinerth entdeckte vor 60 Jahren am Bodenseeufer Zeugnisse aus der Stein- und Bronzezeit und rekonstruierte die weltberühmten Pfahlbauten. Wenn sich die Touristenströme gegen Abend verlaufen haben, kann man sich beim Blick auf die graubraunen Pfahlhäuser mit etwas Vorstellungskraft gut um dreitausend Jahre zurückversetzt fühlen. Der Archäologieprofessor hat wohl nicht geahnt, daß seine Pfahlbauten den Bodensee einmal so berühmt machen würden wie das gegenüberliegende Paradiesgärtlein Mainau.

Im letzten vorchristlichen Jahrtausend nahm die Besiedlung in den Ebenen und Hügelzonen zwischen Main, Rhein und Donau zu. Indogermanische Stämme und Sippen wurden im Salzkammergut (Hallstattzeit), im Schweizer Jura (La-Tène-Zeit), in Böhmen und Schlesien, aber auch im deutschen Südwesten seßhaft. Die Römer gaben ihnen den Sammelnamen Kelten. Sie haben viele kulturelle Spuren hinterlassen, nicht zuletzt in den Benennungen. Die Schwabenflüsse Neckar, Rems und Fils tragen ebenso einen keltischen Namen wie die badischen Schwarzwaldgipfel Belchen und Blauen.

Wie hochstehend die Kelten-Kultur vor zweieinhalbtausend Jahren war, zeigt sich an den monumentalen Fürstengräbern in Baden-Württemberg. Eines der bemerkenswertesten findet sich auf dem Warenberg am südlichen Stadtrand von Villingen. Dort haben die Kelten in jahrzehntelanger Handarbeit den größten Grabhügel ganz Mitteleuropas aufgeschüttet, indem sie um eine steinerne Grabkammer herum in Reisigkörben herbeigetragene Erde anhäuften. 104 Meter beträgt der Durchmesser des Grabhügels, der – wegen der Magdalenen-Kapelle – Magdalenenberg heißt und ein wichtiges geschichtliches Denkmal ist.

Noch in den Schatten gestellt aber wird dieser Hügel vom keltischen Fürstengrab bei Hochdorf im Neckarland. Der Herrscher, dem das Grab errichtet worden war, gehörte zu der Sippe, die auf dem Hohenasperg eine Burg und eine Höhensiedlung errichtet hatte. Als dieser Fürst im Alter von etwa 40 Jahren starb, zimmerten ihm die Kelten als letzte Ruhestätte eine eicherne Kammer, legten ihn auf eine Bronzeliege, staffierten den Raum mit Goldschmuck und Bronzegerätschaften, mit Kesseln und dem vierrädrigen Prunkwagen des Adligen aus. Die von einem sechs Meter hohen Grabhügel bedeckte Fürstengruft von Hochdorf wurde erst 1978 entdeckt, und fast genauso sensationell wie dieser Fund wirkt die Tatsache, daß der Ort über zwei Jahrtausende lang nicht ins Blickfeld von Grabräubern geriet. So dürfen sich die Archäologen darüber freuen, zehn Kilometer westlich des Hohenaspergs das besterhaltene, vollständigste keltische Fürstengrab Europas vor Augen zu haben und für die Nachwelt Anschauungsmaterial über diese früheste Hochkultur am Neckar bewahren zu können.

Die Römer ließ dieses Grab kalt, weniger gleichgültig aber waren ihnen die Kelten selber. Je mehr sie ihren Einflußbereich nach Norden ausdehnten, desto mehr gerieten die Imperatoren und Legionäre mit diesen ins Gehege. Julius Cäsar schließlich schlug in mehreren Feldzügen bis zum Jahr 50 v. Chr. die nördlich der Alpen beheimateten keltischen Stämme vernichtend. Sie mußten sich den Römern beugen oder weiter nach Westen zur Bretagne hin und über den Ärmelkanal nach England und Irland ausweichen. Cäsar brachte die Kelten aber nicht nur militärisch, sondern auch sprachlich in den Griff: die linksrheinischen Bewohner heißen seit seinen Eroberungen Gallier, die rechtsrheinischen Stämme Germanen.

Mit der römischen Herrschaft begann die planmäßige Erschließung des deutschen Südwestens. Seit Cäsar sprechen wir von «Zivilisation» – obwohl die Römer zur Machterhaltung genauso barbarisch gegen ihre Feinde vorgingen wie diese gegen die Besatzer.

Zuerst ließen sich die Römer um die Zeitenwende am Hoch- und Oberrhein nieder. Sie bauten – beispielsweise in Arbon am Bodensee, in Riegel am Kaiserstuhl und in Ladenburg am Neckar kurz vor dessen Mündung in den Rhein – Kastelle zum Schutz ihrer Gutshöfe und Städte. Dort, in Aquae (Baden-Baden), Colonia Augusta Rauricorum (Augst bei Basel), Arae Flaviae (Rottweil), Sumelocenna (Rottenburg), vor allem aber in Argentorate (Straßburg), Augusta Vindelicorum (Augsburg) und Mogontiacum (Mainz), entwickelte sich unter dem Schutz des römischen Adlers eine bis dahin in Mitteleuropa völlig unbekannte Kulturstufe. Großartig angelegte Thermen sorgten entlang des Schwarzwaldrandes für Entspannung und Wohlbefinden, Theater und Weinstuben für Unterhaltung. Das (Kunst-)Handwerk blühte von der Töpferei bis zur Metallverarbeitung ebenso auf wie die Landwirtschaft und der Handel, zu dessen Ankurbelung auch die ursprünglich rein militärisch bestimmten Römerstraßen beitrugen.

Die zielgerichteten römischen Baumeister konstruierten die Straßen wann immer möglich kerzengrade und legten sie oft an die Hänge – um drohender Überschwemmungsgefahr oder Versumpfung zu entgehen. Reitende Boten konnten auf den Schotterstraßen täglich bis zu 200 Kilometer schaffen – eine bis dahin unvorstellbare Geschwindigkeit. Eine Woche brauchte ein Reisewagen vom Oberrhein bis ins Zentrum der antiken Welt, Rom.

Dort nahm die Beunruhigung zu wegen der aus Norden und Osten vordrängenden germanischen Völkerscharen. Zum Schutz des römischen Imperiums wurden – an der Donau, entlang der Schwäbischen Alb und am Neckar – immer mehr Kastelle errichtet, bis schließlich ein epochales Bauwerk in Angriff genommen wurde: ein 500 Kilometer langer Palisadenzaun markierte im zweiten nachchristlichen Jahrhundert die römischen Provinzen Germania Superior und Raetia zwischen dem Mittelrhein nördlich von Koblenz und der Donau westlich von Regensburg. 180 Kilometer dieses obergermanisch-rätischen Limes (Grenze der beiden Provinzen bei Lorch) zogen sich durch das heutige Baden-Württemberg. Und wer das Limes-Museum von Aalen besichtigt, kann über diese Bauleistung und strategische Fertigkeit der Römer nur staunen – auch wenn klar ist, daß der Limes, wie jede Abgrenzung, letztlich einer Unterdrückung und Willkürherrschaft diente.

Seite 13 oben:
Der Schäfertanz ist einer der Höhepunkte des traditionellen Schäferlaufs in Markgröningen, wo alle zwei Jahre ein Volksfest zu Ehren des «ehrlichen Bartel» veranstaltet wird. Tradition haben freilich auch die Schäferläufe in Wildberg (Schwarzwald) und Bad Urach, wo ebenfalls unverheiratete Schäferinnen und Schäfer barfuß zu einem Wettlauf über das Stoppelfeld starten.

Unten:
«Blühendes Barock»: in Ludwigsburg verwandelt sich der Schloßpark alljährlich im Frühjahr in ein prächtiges Blütenmeer.

Seite 14 oben:
Klare Linien brachte der englische Architekt Stirling in den Bau der Stuttgarter Staatsgalerie, die als Vorzeigestück im Herzen der Landeshauptstadt gegenüber dem Landtagsgebäude beheimatet ist.

Unten:
Durchblicke und Einblicke in die Welt der Kunst verschaffen sich die Besucher der Stuttgarter Staatsgalerie in einem modernen Rahmen.

Seite 15:
Passagen und Fußgängerzonen laden im Zentrum der Landeshauptstadt Stuttgart zum Bummeln und Kaufen ein. Neben der Karlspassage des Kaufhauses Breuninger gibt es eine Vielzahl von autofreien Einkaufsstraßen, in denen man ungestört bummeln kann.

Seiten 16/17:
In Esslingen hat mit dem Ausbau des Stuttgarter Nahverkehrssystems und dem Anschluß an die S-Bahn ein neues Zeitalter begonnen. In der Innenstadt mit ihrem Wahrzeichen, dem Doppelturm von St. Dionys, kontrastieren die Betonneubauten des S-Bahnhofes mit der reizvollen Fachwerkidylle des alten Stadtkerns.

Seite 18:
Die Stocherkähne und der Hölderlin-Turm der alten Universitätsstadt Tübingen, sie bleiben wohl allen unvergessen, die hier studiert haben. Die ganze Fassadenfront gegen den Neckar steht heute als Ensemble unter Denkmalschutz.

Seite 19:
Abendlicher Hock in schmalen Gassen: nicht nur die Studenten genießen das sommerliche Freiluftleben in der Tübinger Altstadt.

Seite 20 oben:
Die Stadt Bietigheim hat viele Attraktionen von der Landesgartenschau beibehalten, die auf den Wiesen an der Enz unter dem alten Eisenbahnviadukt zu einem Riesenerfolg wurde. Geblieben ist unter anderem das Wasserspiel auf dem Fluß.

Unten:
Der «gute Stern» (so nennen die Schwaben stolz das Symbol der Untertürkheimer Nobelkarossen) leuchtet besonders hell in Sindelfingen: in der Stadt, die lange Zeit mit der Nachbarstadt Böblingen um den Titel der reichsten Kommune des Landes kämpfte, ist das Markenzeichen des wichtigsten Arbeitgebers allgegenwärtig.

Seite 21:
Reich geschmücktes Fachwerk ziert den Stadtkern Markgröningens, wie hier am alten Rathaus. Alle zwei Jahre (bei geraden Jahreszahlen) findet in den Gassen das Volksfest statt, das den Schäferlauf auf den Stoppelfeldern Markgröningens begleitet.

Seite 22:
Die Verballhornung der EG-Milchkuh steht, wie zahlreiche andere originelle Kunstwerke, im Zentrum Bietigheims und schmückt eine herausgeputzte Innenstadt, in der die alten Fachwerkbauten stilvoll restauriert wurden.

Seite 23:
Denkmäler hat man Friedrich Schiller in seiner Heimatstadt Marbach am Neckar gleich mehrmals gesetzt: die lebensgroße Statue steht vor dem Schiller-Nationalmuseum; auch Schillers Geburtshaus im Ortskern ist eine Gedenkstätte.

Seite 24:
Lichtdurchflutet sind Kreuzgang und Brunnenerker des Maulbronner Klosters, das am Rande des Naturparks Stromberg-Heuchelberg liegt. Das Kloster ist ein beliebter Ausflugsort zwischen Rhein und Neckar.

theke

MARBACH
STUTTGART
FRIEDRICH
SCHILLER
GEB. 10. NOV. 1759.
GEST. 9. MAI. 1805.

Alamannen, Schwaben und andere Germanen

Im zweiten und dritten nachchristlichen Jahrhundert drängten mit den Wogen der Völkerwanderung immer mehr germanische Völker an die Grenzen des Römischen Reichs. Einige Stämme zogen von der Ostsee durch die Mark Brandenburg an die Elbe und durch Franken bis zum Limes. Dort mußten sich die Legionäre und Söldner ganz schön ihrer Haut erwehren, und nachdem der römische Geschichtsschreiber Aurelius Victor diese verbissen und mutig kämpfenden Germanen am Oberrhein beobachtet hatte, nannte er sie voller Hochachtung Alamanni, was soviel heißt wie: gestandene Männer allesamt. Ihre Nachbarn bezeichneten diese Germanen aber nach wie vor als Sueben – und so liegt die Wurzel des ethnologischen Mißverständnisses zwischen Alamannen und Schwaben, also zwischen Badenern und Württembergern, in jenen turbulenten Völkerwanderungszeiten an Main, Rhein und Neckar.

Man kann daher mit Fug und Recht behaupten, daß die Schwaben Alamannen sind. Und auch die umgekehrte Feststellung trifft zu: die Alamannen sind Schwaben. Bleibt zu bemerken, daß die Römer offenbar von den germanischen Kriegern sehr beeindruckt waren und deswegen nur die Männer sprachlich benannten. Unser emanzipatorisches Zeitalter machte daraus einen verbalen Gag: ein Oberbürgermeisterkandidat wurde 1988 in Emmendingen als richtige Wahl für «Alle-Mannen und Alle-Frauen» angepriesen.

260 n. Chr. waren die Römer den alamannischen Eindringlingen nicht mehr gewachsen. Der Limes hatte längst seine Funktion als Schutzschild verloren; der Rhein war zur natürlichen Barriere geworden, bevor die germanischen Stämme auch darüber hinwegschwemmten und die Römer weit nach Südwesten verjagten.

Eigentlich hätten sich die Alamannen ins gemachte Nest setzen können; doch da sie die römischen Steinhäuser nicht bewohnen wollten und auch die anderen zivilisatorischen Errungenschaften nicht eben schätzten, verfielen Straßen, Theater und Thermen. Der Schwarzwald, in den selbst die wagemutigen römischen Pioniere nur selten einen Fuß gesetzt hatten, wurde endgültig wieder zu einem menschenleeren Waldgebirge und zu undurchdringlicher Naturwelt.

Der römische Kaiser Julian hat seine Eindrücke in diese respektvollen Worte gefaßt: «Ein ungeheurer Anblick bot sich mir. Ich verbürge mich jedenfalls dafür, daß zu keiner Zeit im Römischen Reich derartiges zu sehen war. Wenn einer meint, das Tempetal in Thessalien oder das Gelände bei den Thermopylen oder das riesige Taurusgebirge sei unwegsam, so soll er wissen, daß dies alles, was die Unzugänglichkeit betrifft, neben dem Herzynischen Wald [i. e. Schwarzwald] kaum Erwähnung verdient.»

Heute ist der Schwarzwald, das größte deutsche Mittelgebirge, noch zu zwei Dritteln mit Wald bedeckt und bestens erschlossen. Vor eineinhalb Jahrtausenden verhielt sich die Sache völlig anders: es gab keine Lichtungen, Weiden oder kahlen Bergrücken. Der gesamte Schwarzwald war von Mischwald und in seinen oberen Lagen von Nadelwäldern bewachsen, besser: zugewachsen. Um diesen abweisenden Schwarzwald herum ließen sich die Alamannen nieder. Wo sie ihre Felder beackerten und kleine Häuser aus

Holz und Lehm errichteten, läßt sich bis heute an den Ortsnamen ablesen, die auf -ingen enden. Und davon ist der deutsche Südwesten voll: Überlingen am Bodensee, Endingen am Kaiserstuhl, Sigmaringen an der Oberen Donau, Engstingen in der Schwäbischen Alb, Waiblingen im Remstal, Dettingen an der Iller, Donaueschingen in der Baar, Engen im Hegau, Bad Krozingen im Markgräflerland, Billafingen im Linzgau, Östringen im Kraichgau, Öhringen in Hohenlohe, Echterdingen auf den Fildern, Höpfingen am Rand des Odenwalds. Und diese Aufzählung ist bei weitem nicht vollständig, soll auch nur die geographische Bandbreite der -ingen von Nord nach Süd und von Ost nach West veranschaulichen.

Lange konnten sich die Alamannen ihres neuen Siedlungsgebietes aber nicht unge stört erfreuen. Denn inzwischen hatten sich die Franken am Nieder- und Mittelrhein breitgemacht und den Oberrhein im Visier. 497 kam es in nächster Nähe von Bonn zur Schlacht zwischen den beiden germanischen Stämmen, und die Truppen des Frankenkönigs Chlodwig behielten die Oberhand über die Alamannen. 506 siegten die Franken auch im Elsaß über die inzwischen vorgedrungenen Alamannen, die danach die fränkische Oberherrschaft akzeptierten. Ungehindert entfalten konnten sie sich nur noch in der Nordschweiz, nachdem sie 530 den Hochrhein überquert hatten und sich mit den Nachfahren der keltischen Helvetier einigermaßen arrangierten.

Diese germanischen Bruderkämpfe wirken sich sprachlich bis in die Gegenwart aus. Denn Alemannisch – so der von Johann Peter Hebel erstmals geprägte Begriff für die Mundart der Alamannen – wird in der Nordschweiz (Schwyzer Dytsch), in der österreichischen Landschaft Vorarlbergs östlich des Bodensees, im französischen Elsaß bis zum Vogesenkamm, in Oberschwaben und auch in Bayerisch-Schwaben zwischen Iller und Lech, vor allem aber im (süd)badischen «Ländle» gesprochen.

Als Sprachgrenze zwischen dem Alemannischen und dem Fränkischen gilt das Flüßchen Oos. Nördlich von diesem Baden-Badener Gewässer nehmen auch die Rheinpfälzer Laute ganz deutlich zu, während sich die fränkische Mundart vom Hohenloher Land bis ins Frankenland ungehindert ausbreitet – trotz Stuttgarter und Münchner Sprachbeeinflussung. Hinweise auf die jeweiligen Neuansiedlungen der Franken im alamannischen Gebiet erlaubt ein Blick auf die Endsilbe der Orte: fast immer handelt es sich um einen fränkischen Besitz, wenn der Name mit -heim endet. Weinheim an der Bergstraße, Kuppenheim in der Ortenau, Hockenheim im Kraichgau, Wertheim am Main, Pforzheim am Nordschwarzwaldrand, Weikersheim an der Tauber sind einige Beispiele dafür.

Wenn unsere Schweizer Nachbarn die Deutschen als «Schwobe» in einen Topf werfen, vergessen sie, daß sie selbst für einige Jahrhunderte zum Herrschaftsbereich des Herzogtums Schwaben zählten. Dieses kristallisierte sich vor über einem Jahrtausend, ebenso wie andere Stämme (Bayern, Franken, Lothringen, Sachsen), im deutschen Kaiserreich heraus. Man darf sich dieses Herzogtum allerdings nicht als fest begrenztes, klar definiertes Gebiet vorstellen, da es sich ja von Generation zu Generation – je nach Erbfolge, Einheirat oder kaiserlichem Lehen – ändern konnte und auch von der Unterstützung der Adligen abhängig war. Für die fast nur aus Bauern bestehende Bevölkerung blieb es sich sowieso gleich, welchem Herrn sie folgen mußte, in welchem Herzogtum sie lebte.

Vom 10. bis 12. Jahrhundert stimmte das Herzogtum Schwaben mehr oder weniger mit dem alamannischen Sprach- und Siedlungsraum überein. Sein Name leitet sich vom germanischen Stamm der Sueben ab, die zu Völkerwanderungszeiten aus dem deutschen Nordosten hierher vorgedrungen waren. Nun herrschten sie also nach allen Himmelsrichtungen vom Schwäbischen Meer aus; das Bistum Konstanz war eines der wichtigsten Machtzentren. Im Norden gehörten – welch ein Glück aus heutiger Sicht – Stuttgart und Cannstatt gerade noch mal zum schwäbischen Einzugsbereich, der dort auf die fränkische Konkurrenz prallte. Im Osten bildete der Lech die natürliche Grenzlinie zur bayerischen Nachbarschaft, während nach Süden hin die schwäbischen Herzogsfamilien sich bis weit in die Alpen vorwagten. Ganz Rätien – wo das Alemannische sich sprachlich allerdings nicht durchsetzen konnte – gehörte zu ihrem Gebiet, sogar am Gotthard- und Lukmanierpaß befanden sie sich auf eigenem Boden – mit der Aussicht, sich in Reichweite zu Italien kalte Füße zu holen. Basel jedoch zählte im Unterschied zu Zürich nicht mehr zum Herzogtum Schwaben, sondern gehörte damals zu Burgund.

Ein eindeutiges Zentrum, also eine Art Hauptstadt, gab es in diesem Herzogtum nicht. Ganz im Gegenteil. Denn wegen der Möglichkeit, sich auf Kosten der Bevölkerung eine goldene Nase verdienen zu können, war die Herzogswürde ein begehrtes und umkämpftes Streitobjekt zwischen einigen Adelsfamilien und keinesfalls nur eine Prestigeangelegenheit.

Staufer, Welfen, Zähringer und andere Herrschaften

Drei Geschlechter zielten auf die Vorherrschaft im Herzogtum Schwaben ab: die Staufer, die Welfen und die Zähringer. Sie versuchten durch Burg- und Stadtgründungen, durch die Verleihung von Münzrechten und das Abhalten von Fürstentagen, durch ihnen wohlgesonnene Klöster und das Anknüpfen verwandtschaftlicher Beziehungen mit anderen Herrscherhäusern die eigene Position und Machtbasis zu erweitern. Viel scheint sich daran allerdings bis heute nicht geändert zu haben in der internationalen Politik; lediglich die Institutionen und Apparate tragen andere Namen.

Ganz im Unterschied zu einigen Klöstern waren die Welfen und die Zähringer den machthungrigen Staufern schließlich nicht gewachsen: diese schlugen die Welfen 1191 und die Zähringer 1218 im Kampf um die schwäbische Herzogswürde endgültig aus dem Feld – obwohl doch alle drei Familien aufs innigste miteinander verwandt, versippt, verschwägert waren. Geschwisterkonkurrenz könnte man so etwas nennen!

Die Welfen hatten ihr südwestdeutsches Zentrum in Oberschwaben, genauer: in Ravensburg und dem Schussental. 1191 verkauften sie ihre dortigen Besitztümer an die Staufer, um sich künftig mehr auf ihre bayerische und norddeutsche Basis zu stützen. Die Zähringer hingegen expandierten von ihrem Stammgebiet um Weilheim aus: Sie drangen nach der Jahrtausendwende an den südlichen Oberrhein vor und begannen sogar mit der Erschließung des Mittleren Schwarzwaldes.

Ein pikantes Detail und fatal für «Berufsschwaben»: Die Markgrafen von Baden und die Donaueschinger Fürsten von Fürstenberg bilden Seitenlinien des Zähringer Hauses, was bedeutet, daß Stuttgart als eine badisch-markgräfliche Stadtgründung und die Grafschaft Baden-Württemberg – durch die Nachfahren der Herzöge von Teck – eigentlich auf die badischen Zähringer zurückgehen. – «Gottverdeckel!»

Uns gilt die Schwäbische Alb als karger, rauher, in gewisser Beziehung auch menschenabweisender Landstrich von großer natürlicher Schönheit. Unsere Vorfahren sahen dies offenbar ganz anders, denn eiszeitliche Jägerfamilien siedelten sich in den Höhlen an, ließen mächtige Keltenfürsten ihre hiesigen Besitzungen durch Wälle und Gräben (Beispiel: der Heidegraben bei Grabenstetten) zum Schutz vor anrückenden Germanen umgürten, erbauten die Römer entlang des Alb-Steilabfalls Kastelle als Basis des Alb-Limes, gründeten die Alamannen in diesem Gebiet mindestens 200 Siedlungen, denen fränkische Orte folgten. Und so kommt es wohl nicht von ungefähr, daß die Herrschaftsgeschlechter der Staufer, Zähringer und auch der Hohenzollern von ihren Höhenburgen auf der Schwäbischen Alb aus ihre großen Besitzungen im Griff behalten wollten sowie Macht und Reichtum vermehrten.

«O, denk ich an jenen Berg, der hoch und schlank sich aufschwingt, aller schwäb'schen Berge schönster, und auf dem königlichen Gipfel kühn der Hohenstaufen alte Stammburg trägt! Und weit umher, in milder Sonne Glanz, ein grünend fruchtbar Land ...» Mit diesen überschwenglichen Zeilen hat Ludwig Uhland, der Romantiker, in seinem «Konradin» dem Hohenstaufen die poetische Krone aufgesetzt. Zwei Jahrhunderte lang dominierten acht Könige und Kaiser aus der Staufer-Familie das Heilige

Römische Reich Deutscher Nation und damit große Teile Europas. Wenn das kein Grund zum Dichten ist!

Im 11. Jahrhundert (aus Österreich?) eingewandert, wurden die Staufer bald zur beherrschenden Kraft im Remstal. Dort riefen sie das sehr bedeutende Kloster Lorch ins Leben und gründeten wenige Kilometer weiter südlich ihre neue Stammburg auf dem Hohenstaufen. Nicht nur wegen seiner Höhe von 684 Metern bot er Überblick und Weitsicht; in nächster Nähe liegen die anderen «Kaiserberge» Stuifen und Rechberg, bewahren aber doch die nötige Distanz – ein nicht zu unterschätzender Vorteil.

Die Stauferkaiser Friedrich Barbarossa und Friedrich II. maßen der schwäbischen Herzogswürde keine allzu große Bedeutung mehr bei, denn sie hatten – als die herausragenden Herrschergestalten ihrer Familie – ja das höchste Prädikat erreicht, das ein deutscher Adliger erlangen konnte. Außerdem dehnten sie in nur zwei Jahrhunderten ihre Besitzungen erheblich aus: abgesehen vom schwäbischen Kernland, beherrschten die Staufer auch Teile des Elsaß und von Franken, ehe sie 1194 sogar das normannische Königreich Neapel-Sizilien erwarben. Süditalien aber brachte ihnen kein Glück: Konradin wurde 1268 auf dem Marktplatz von Neapel hingerichtet, und so endete die männliche Linie der Staufer gewaltsam und fern der eigentlichen Heimat. Ob für Regenten, die im europäischen Maßstab dachten und handelten, der Begriff Heimat oder Kernland überhaupt von Bedeutung war, sei hier freilich dahingestellt.

Der deutsche Reichsadler hatte also mit dem Verlöschen der Staufer gehörig Federn lassen müssen. Dafür aber schwang sich der Habsburger Doppeladler in Oberschwaben zu neuen Höhen empor. König Rudolf von Habsburg verfolgte ab 1274 ein großes Ziel: Ganz im Geiste des Stauferkaisers Friedrich Barbarossa, als dessen Nachfolger er sich verstand, wollte er sein Einheitsstreben aufgreifen und seine Besitzungen erneut zusammenfassen. Doch dies gelang Rudolf nur unvollkommen. Vor allem die Grafschaft Württemberg hatte inzwischen nämlich an Bedeutung und Herrschaftsbefugnis gewonnen, und die von den Zähringer abstammenden Grafen widersetzten sich der Habsburger Expansion aufs heftigste. So blieb das schwäbische Österreich Stückwerk. Die Habsburger – deren Name sich von ihrer Stammburg südlich der badischen Hochrheinstadt Waldshut im Schweizer Aargau herleitet – konzentrierten sich nun auf ihre Besitzungen im Elsaß und Breisgau. Sie machten zuerst Ensisheim, dann Freiburg zu ihrem vorderösterreichischen Regierungssitz, und sie konnten sich immerhin über fünf Jahrhunderte – bis nach 1800 – im südbadischen Breisgau behaupten. Dort prallte dieses katholische Geschlecht übrigens erneut auf Nachfahren der Zähringer: die (evangelischen) Markgrafen von Baden.

Schon daran sieht man den Wandel der Zeiten: Hatte sich im Hochmittelalter der deutsche Südwesten noch als einheitliches Herrschaftsgebiet, eben als alamannisches Herzogtum Schwaben, regieren lassen, so begann mit dem 13. Jahrhundert die Entwicklung hin zum territorialen «Flickerlteppich»: Deutschland wurde ein machtpolitisches Mosaik, zusammengesetzt aus durchaus nicht harmonierenden und harmonisierenden Steinchen. Da ein Königreich, dort eine Freigrafschaft, hier eine Kurpfalz, dort ein Fürstentum, da eine freie Reichsstadt, dort ein Bistum, da ein Reichsritter oder eine Markgrafschaft. Und getragen wurden diese machtpolitischen Ränkespiele und kriegerischen Auseinandersetzungen von der Landbevölkerung, auf deren Schultern fast alle Lasten ruhen mußten.

Südwestdeutschland zersplitterte sich aber nicht nur in seinen südlichen und mittleren Landesteilen, sondern auch im Nordwesten. Das bayerische Haus Wittelsbach nämlich hatte im Jahre 1214 die Pfalz geerbt – so einfach ging das damals – und daraufhin seinen Fuß auch in heute badisches Gebiet setzen können. Einst gehörte die Pfalz übrigens zum Herrschaftsbereich der Staufer, doch im 13. Jahrhundert ging's eben umgekehrt: der Pfalzgraf beherrschte die Räume Mannheim und Heidelberg; ein bayerisches Adelsgeschlecht dominierte am nördlichen Oberrhein, und deshalb gab es zwischen diesem nordbadischen Teil und den Münchner Wittelsbachern über lange Jahrhunderte hinweg enge Verflechtungen.

Zwischen der Kurpfalz – so genannt, weil der Pfalzgraf ab 1356 den deutschen König mitküren durfte – und den badischen Markgrafen sowie den Grafen von Württemberg blieben Konflikte nicht aus.

Die Grafschaft Württemberg dehnte sich seit der Stauferzeit kontinuierlich aus. Von ihrer Stammburg Wirt-em-Berg oberhalb des Stuttgarter Ortsteils Rotenberg aus arrondierten diese Grafen ihre Besitztümer zwar langsam, dafür aber um so zielstrebiger: «Numme net hudle, aber alleweil schaffe.» Und eben diese urschwäbische Devise setzte sich trotz der Tatsache durch, daß es ausgerechnet der badische Markgraf Hermann V. gewesen war, der 1220 die Landeshauptstadt Stuttgart als Stuten-Garten gegründet hatte. Ein Glück, daß wenigstens der VfB die Karlsruher oder Waldhöfer schlägt. Meistens jedenfalls.

Die Zähringer hatten nach der Jahrtausendwende damit begonnen, sich nach dem Rhein hin zu orientieren. Seinen Namen leitete dieses Geschlecht von seinem Sitz bei Freiburg (heute eingemeindet und ein Stadtteil) ab; aus ihm gingen die badischen Markgrafen hervor. Die Hauptlinie nannte sich Durlach-Backnang, Seitenlinien beherrschten das Hachberger Land von der Hochburg bei Emmendingen aus, eine weitere residierte auf der Sausenburg und bezeichnete sich als Linie Rötteln-Sausenberg. In der Bezeichnung Markgräflerland für das landschaftlich sehr reizvolle Gebiet zwischen Freiburg und Lörrach ist die Erinnerung an diese badischen Markgrafen lebendig geblieben. Unter einem Markgräfler versteht man jedoch keinen Adligen, sondern einen zumeist trockenen Ruländer Wein. Der Griff nach diesem ist auch viel bekömmlicher als der Griff nach südwestdeutschen Adelsgeschlechtern. Die Beschäftigung mit ihren komplizierten und verschachtelten Entwicklungen kann ganz schön schwer im Magen liegen oder zu Kopfe steigen.

Im 7. Jahrhundert sah es im Südwesten noch «unchristlich», nämlich heidnisch aus. Die germanischen Stämme beteten ihre Feld-, Wald-, Wiesen- und Himmelsgötter an. Dies änderte sich erst mit der fränkischen Dominanz über die Alamannen. Denn ab jetzt erhielten mutige Mönche von den christlich gewordenen Frankenführern die Möglichkeit, die Heiden auf den richtigen Weg einzuschwören. Paradiesische Zustände trafen die – vorwiegend irischen – Mönche am Oberrhein und im Schwarzwald nicht gerade an. Doch sie waren so felsenfest von ihrer Mission überzeugt und bauten so stark auf die christliche Lehre, daß ihnen in der Tat Bahnbrechendes gelang. Als Einsiedler wagte sich Trudpert ins unwegsame, menschenleere Münstertal südlich von Freiburg vor, und seine Hütte mitten im Wald wurde zur Keimzelle eines mächtigen Klosters, dem ältesten auf der rechten Rheinseite. Ebenfalls im 7. Jahrhundert versuchten die Missionare Gallus am Bodensee, Fridolin am Hochrhein und Landelin in der Ortenau Neuland zu betreten und durch ihr Beispiel auch Lebensräume für Siedler zu schaffen. Diese Mönche waren nicht nur Schriftgelehrte, sondern gleichermaßen Holzfäller: mit der Bibel identifizierten sie sich genauso sehr wie mit der Axt.

So wurden die Mönche zu Wegbereitern der Schwarzwalderschließung. Zum Teil erhielten die Missionare von Fürsten das Recht zur Ansiedlung an bisher unbewohnten Orten – und es kann durchaus als immer wiederkehrende Ironie der geschichtlichen Entwicklung interpretiert werden, daß derjenige, der Frieden und Seelenheil zu bringen vorgibt, seine Mitmenschen oft nur mit aller Gewalt umformen kann. Wegen der Religion bekamen sich die Herrscher des 17. Jahrhunderts so heftig in die Haare, daß ihre Untertanen Federn und mehr lassen mußten.

Kirchliche und weltliche Wirren

Der Dreißigjährige Krieg war der traurige Höhepunkt einer Entzweiung, die durch die Reformatoren Luther, Calvin und Zwingli seit 1517 deutlich wurde. Luthers Thesen fanden bei der Landbevölkerung, aber auch bei manchen Fürsten Anklang. Herzog Ulrich von Württemberg kann durchaus als Prototyp jener Herrscher gelten, die im Protestantismus nicht nur eine gereinigte Religion sahen, sondern darin auch eine Basis zur Machterhaltung (oder wie in diesem Fall zur Rückeroberung) entdeckten. Nachdem Herzog Ulrich 1534 wieder Herr von Württemberg geworden war, machte er sich jedenfalls zum Verfechter der Reformation – und seitdem ist der größte Teil von Nordwürttemberg und Nordbaden evangelisch geblieben. Ab 1555 (Augsburger Religionsfrieden) bekehrten sich auch die badischen Markgrafen zu Luthers Lehren, und so wurden die Markgrafschaften Baden-Durlach, Hachberg und Rötteln-Sausenburg ebenfalls evangelisch. Auch dies hat – wie ein Blick auf die Religionszugehörigkeit der dortigen Bevölkerung zeigt – bis in die Gegenwart sichtbare Auswirkungen behalten: die Mehrheit bezeichnet sich dort als evangelisch.

Als katholische Bastionen haben sich seit der Reformation besonders die Habsburger Einflußbereiche erwiesen; und auch die Bischöfe von Basel und Straßburg, Speyer und Würzburg haben sich in baden-württembergischen Regionen als erfolgreiche Vertreter päpstlicher Interessen durchgesetzt. In der Kurpfalz fand übrigens der Genfer Reformator Johannes Calvin Anhänger und Unterstützung – so wurde also auch der Nordwesten unseres Gebietes dem Katholizismus entzogen.

Die Reformatoren – und hier namentlich Martin Luther und Thomas Müntzer – weckten aber nicht nur bei kritisch gewordenen Papstgegnern, sondern vor allem unter der Bauernschaft große Erwartungen.

Die Bauern beklagten Machtmißbrauch und Ausbeutung durch ihre weltlichen und kirchlichen Herren. Ihr Los hatte sich ganz im Gegensatz zu dem des Adels zunehmend verschlechtert, da ihnen ständig neue Fronarbeiten und Verpflichtungen auferlegt worden waren und sie kaum noch wußten, wie sie die Zwangsabgaben aufbringen sollten. So gärte es unter den Leibeigenen, denen eben nicht einmal ihr Leib zu eigen war. Ende des 15. Jahrhunderts nahm in den ärmlichen Dörfern des Oberrheins, des Neckars und des Schwarzwaldes die Unruhe und der Ärger über Abhängigkeit und Abgabendruck stetig zu. «Armer Konrad» nannten die Bauern ihren Zusammenschluß, doch erst 1525 entlud sich der aufgestaute Druck unter dem Zeichen des Bundschuhs gewaltsam. Bundschuh – das war der mit Riemen befestigte Bauernschuh, und er symbolisierte ebenso die Herkunft wie die Standhaftigkeit. In allen Teilen des deutschen Südwestens rotteten sich Bauern, arme Handwerker und Stadtbewohner zusammen, auf Unterstützung durch Reformatoren und Ritter bauend.

Neckartaler, Hohenloher und Odenwälder Bauern – insgesamt 12000 bewaffnete Männer – zogen bis nach Mainz und Würzburg, die dortigen Bischöfe im Visier. 8000 Württemberger Bauern besetzten Stuttgart; oberschwäbische und Allgäuer Bauern durchstreiften das Alpenvorland und wollten Klöster erstürmen. Der Stühlinger Haufen hatte seinen Ursprung am Hochrhein, vergrößerte sich auf dem Weg durch

Bildkommentare
Hohenlohe
Badisches Frankenland

Seite 33:
Heilbronn birgt nicht allzuviele historische Baudenkmäler. Um so mehr hebt sich das Renaissance-Rathaus mit der Astronomischen Kunstuhr aus dem Jahre 1580 von den Verwaltungs- und Industriebauten ab.

Seite 34:
Hohenlohes größte Stadt ist unumstritten Heilbronn, das zum wirtschaftlichen Zentrum des fränkischen Landesteils herangewachsen ist. Markenzeichen der modernen Großstadt sind ihre Industriebetriebe, die am Neckarufer jedenfalls für optische Lichtblicke sorgen –, soweit es Fragen der Energiegewinnung und automobilen Zukunft betrifft.

Seite 35 oben:
Die Täler von Jagst, Kocher und Tauber zählen auf weiten Strecken zu den idyllischsten und ruhigsten Landesteilen. Zum Glück gibt es hier noch stille Winkel ohne Massenbetrieb. Liebhaber freundlicher Talauen können manch lauschiges Schäferstündchen genießen.

Unten:
Schloß Langenburg, auf einem bewaldeten Höhenrücken zwischen Jagst- und Kochertal gelegen, zählt zu den markantesten süddeutschen Residenzen. Nicht alle Besucher aber haben nur den Panoramablick im Sinn. Denn neben den Schloßgebäuden ist im einstigen Marstall das Deutsche Automuseum untergebracht. Auch diejenigen, die in schwäbischen Rennern Langenburg angesteuert haben, betrachten die nostalgischen Oldtimer im Museum mit leuchtenden Augen.

Seite 36:
Der Ritter mit der eisernen Faust, Götz von Berlichingen, sorgt Sommer für Sommer dafür, daß Jagsthausen aus seinem Dornröschenschlaf erwacht: Die historische Götzenburg bildet den passenden Rahmen für Goethes Drama und weitere spektakuläre Freilicht-Inszenierungen. Bedeutende Schauspieler und Regisseure haben sich in Jagsthausen die künstlerischen Sporen verdient – und mancher «Kaiser ohne Kleider» hat die auf den Tribünen dichtgedrängt sitzenden Kinder und Erwachsenen zu Beifallsstürmen animiert. Das Mittelalter ist in Jagsthausen nicht zur Fassade erstarrt, und Götz hat nur auf der Bühne Grund zum weltberühmten schwäbischen Gruß, den wir uns an dieser Stelle ersparen, weil ihn sowieso jeder kennt.

Seite 37:
Schöntal, die einstige Zisterzienser-Abtei im Jagsttal. Die prächtige Zweiturmfassade mit dem Statuenschmuck steht im Blickpunkt von Kunstfreunden und Wochenendausflüglern.

Seite 38:
Rendez-vous in Schwäbisch Hall. Die gewaltige Freitreppe vor der Michaelskirche dient als Bühne von berühmten Freilicht-Theaterinszenierungen und als beliebter Treffpunkt. Abgesehen vom mittelalterlichen Marktplatz, sind dies die malerischsten Seiten der alten Reichsstadt an der Kocher: Holzstege, Stadttürme, übereinander gestaffelte und ineinander verschachtelte Fachwerkhäuser.

Seite 39:
Das Madonnenländchen zeigt viele Gesichter. Die «Stuppacher Madonna», gemalt von Matthias Grünewald, hat die Pfarrkirche St. Maria in Stuppach zu einem wahren Pilgerziel werden lassen. Die Besucherscharen stehen im Banne des Marienbildes und erwerben im Kassenhäuschen Reproduktionen des Meisterwerks. – Wenige Kilometer weiter nördlich hat das Winzerdorf Markelsheim, heute ein Ortsteil von Bad Mergentheim, ländlichen Charme bewahrt, wie bei der Marienstatue am Marktplatz und bei der fränkischen Hochzeit deutlich wird.

Seite 40:
Schloß Weikersheim, der Stammsitz des Hauses Hohenlohe. Der Barockgarten zeigt sich als fantasievoll gestaltete Prunkanlage – und die Begegnungen mit der Neuzeit lassen die steinernen Kobolde gelassen über sich ergehen.

Seite 41 oben:
Das kurmainzische Schloß in Tauberbischofsheim beherbergt das Museum. Nicht weit von diesem historischen Ort entfernt sorgt die Fechtelite von Emil Beck dafür, daß Tauberbischofsheim eine Medaillenschmiede bleibt und weiterhin weltweiten Ruf in Sportlerkreisen genießt.

Unten:
Warum Mosbach im Odenwald die «Stadt des deutschen Fachwerks» heißt, führt diese Ansicht vor Augen. Und das schmucke Ortszentrum eignet sich, da autofrei, hervorragend als «Raststätte».

Seiten 42/43:
Wertheim ist die nördlichste Stadt Baden-Württembergs und schnuppert am Mainufer schon (unter)fränkische Luft. Den besten Blick über die Dachlandschaft hat man von der Burgruine aus.

Seite 44:
Badisch-fränkische Lebensfreude auf dem Marktplatz von Wertheim. Hier bietet sich Fremden und Einheimischen ein reiches Schaufenster ländlicher Produkte.

DEUTSCHES AUTOMUSEUM
HA-TE 22

Privat

Hotel Adler

Schloßkeller

Anton
Palm

den Schwarzwald ständig; und als am 17. Mai 1525 Freiburg erreicht war, konnte sein Anführer Hans Müller 12000 aufständische Bauern zur Belagerung der Münsterstadt aufrufen. Freiburg wurde vom Schloßberg her beschossen, seine Bewohner drangsaliert, so daß sich den Aufständischen schließlich die Stadttore öffneten.

Doch natürlich ließen die weltlichen und die kirchlichen Fürsten, die Stadt- und Burgherren ihre Felle nicht ohne Gegenwehr davonschwimmen. Einige der mächtigsten Adligen schlossen sich zum Schwäbischen Bund zusammen und engagierten Georg Truchseß von Waldburg als Heerführer. 10000 Landsknechte und Reiter bekämpften unter seinem Kommando die unorganisierten, für das Schlachtfeld überhaupt nicht vorbereiteten Bauernhorden. Systematisch metzelten die fürstlichen Truppen die Aufständischen nieder. Der Truchseß ließ die erschossenen, erschlagenen und gehängten Bauern zur Warnung zu Tausenden an den Wegen im Allgäu und Neckarland, im Kraichgau und am Oberrhein liegen – «Bauernschlächter» nannte man diesen gnadenlosen Rächer in kaiserlichem Auftrag seitdem. Im Hochsommer brach der Bauernkrieg zusammen. Schlechter als vor ihrer Kapitulation ging es den Landleuten aber nicht. Da die Herrschenden von der Arbeitskraft der Bauern möglichst viel profitieren wollten, beschnitten sie deren Rechte nicht noch mehr, sondern gestanden ihnen sogar bescheidene Verbesserungen zu – ausgenommen freilich das so sehr angestrebte Jagd- und Fischereirecht. Dieses blieb adliges Privileg.

Martin Luther hatte sich schon längst von den Bauernhorden abgewandt, deren Erbitterung in Verbitterung umgeschlagen war, die eine Spur aus Brand und Mord zurückließ. Auch Ritter wie Götz von Berlichingen hatten sich von einstigen Sympathisanten zu Gegnern gewandelt, abgeschreckt durch das gewaltsame Vorgehen und überzeugt von der Aussichtslosigkeit des Kampfes gegen gut organisierte Landsknechte.

Südwestdeutschland aber erhielt nicht einmal ein Jahrhundert Zeit, sich vom Bauernkrieg zu erholen. Denn der Streit um die richtige Auslegung der christlichen Glaubensgrundsätze war zum machtpolitisch begründeten Spiel auf dem europäischen Schachbrett geworden – ein Spiel mit Hunderttausenden von Bauernopfern und Springern, die von den Königen nach Belieben verschoben wurden.

Was mit dem Prager Fenstersturz 1618 dramatisch begann, entwickelte sich zum bisher grausamsten und längsten Krieg in Mitteleuropa. Anfänglich ging es um die böhmische Krone. Böhmischer König war ein Katholik aus dem Hause Habsburg, und der sollte seine Macht und Würde an den Pfälzer Kurfürsten Friedrich V. abtreten – einen Protestanten. 1619 wurde der aus Heidelberg mit der Kutsche nach Prag gereiste Kurfürst tatsächlich zum böhmischen König gekrönt, mußte sich aber bald den Truppen des katholischen Kaisers und des bayerischen Herrschers erwehren. Diese hatten sich in der «Liga» zusammengeschlossen, denen die Protestanten aus der Kurpfalz, aus Baden-Durlach und Württemberg ihre «Union» entgegenstellten. Friedrich V. verlor 1620 gegen den katholischen Feldherrn Tilly die Schlacht am Weißen Berg bei Prag. Die Liga-Landsknechte rückten in den Südwesten vor und besiegten 1622 bei Wimpfen das Heer des Markgrafen Friedrich-Georg von Baden-Durlach. Dessen Söldner waren der Übermacht Tillys, der Heidelberg und den Kraichgau besetzte, nicht gewachsen.

Acht Jahre später wendete sich das Blatt. Der Schwedenkönig Gustav Adolf machte sich für die protestantische Sache stark und erreichte 1630 auch Südwestdeutschland, wo er in Württemberg und Baden-Durlach als Retter vor den kaiserlichen Landsknechten gefeiert wurde. Nach dem Tod Gustav Adolfs und der schwedischen Niederlage in der Entscheidungsschlacht von Nördlingen 1634 aber stand es schlecht um die Protestanten. Die Kaiserlichen drangen plündernd und brandschatzend ins Remstal und in den Mittleren Neckarraum vor. Auf der Suche nach Beute kannten die Heere keine Gnade: Dörfer und Städte wurden geplündert und zerstört, Menschen gefoltert und gemartert. Und da die Truppen wie Heuschreckenschwärme über alle Lebensmittel herfielen, brachen in den besetzten Orten schon bald schreckliche Hungersnöte und später Seuchen aus. Ganze Dörfer wurden dahingerafft, die Einwohnerzahlen von Städten wie Calw oder Herrenberg im Nördlichen Schwarzwald gingen dramatisch zurück: 1634 zählte Calw rund 4000 Einwohner; nach dem Dreißigjährigen Krieg aber lebten gerade noch 1500 Menschen in der zerstörten, ausgeplünderten und verwüsteten Gemeinde, die – wie so viele andere im deutschen Südwesten – ein Bild des Jammers bot.

Mit dem Vormarsch der kaiserlichen Söldnerheere gerieten die Franzosen in Alarmbereitschaft. Sie rechneten sich zwar selbst dem katholischen Lager zu, wollten aber den Macht- und Gebietszuwachs des deutschen Kaisers nicht akzeptieren. So drangen französische Truppen an den Oberrhein und ins Hohenloher Frankenland vor. Für weite Teile der gepeinigten Bevölkerung war es inzwischen völlig gleichgültig geworden, unter welchem Banner die Landsknechte raubten und plünderten, welches Religionsbekenntnis sie vorgaben. Denn da die Eroberungszüge inzwischen der reine Selbstzweck waren – der Krieg ernährt den Krieg – und als Kampf um Lebensmittel und Wertgegenstände geführt wurden, half zumeist nur die bedingungslose Unterwerfung, um Folter und Tod zu entgehen. Flucht – wohin? – bot kaum die Möglichkeit, dem Entsetzen zu entrinnen. Zwischen den französischen und kaiserlichen Truppen kam es im Südwesten zu mehreren Schlachten, die 1638 am Hochrhein bei Rheinfelden begannen, mit Tuttlingen (1643) Oberschwaben und mit Freiburg (1644) den Breisgau drangsalierten. 1645 wurde auch die Umgebung von Mergentheim in Hohenlohe zum Schlachtfeld. Ein entscheidender Sieg gelang aber keiner Seite, und bis 1648 – als es in Zusmarshausen bei Augsburg zur letzten Schlacht dieses Krieges kam – gingen die Leiden der Bevölkerung weiter.

Nach diesen drei blutigen Jahrzehnten hatte Südwestdeutschland zwei Drittel seiner Bevölkerung verloren: lebten 1618 insgesamt 350000 Einwohner in Württemberg, so vegetierten 1648 nur mehr 120000 Kriegsopfer im ausgepowerten Herzogtum.

Ob die Religion derartige Opfer rechtfertigt? Nach dem Westfälischen Frieden konnte Mitteleuropa jedenfalls zuerst einmal aufatmen und an den Wiederaufbau gehen. Die Katholiken und Protestanten lebten in abgetrennten Herrschaftsgebieten, und in der Kurpfalz durften sich sogar die Reformierten entfalten.

Die Friedensphase aber hielt für weite Teile Südwestdeutschlands nicht allzu lange an. Kaum hatten sich die Oberrheinische Tiefebene, der Neckarraum und die Kurpfalz von den Landsknechten erholt, schlugen kaum eine Generation später die Truppen des französischen Königs Ludwig XIV. womöglich noch erbarmungsloser zu. 1688 begann der Pfälzische Erbfolgekrieg, der sich bis 1714 hinzog. Ludwig XIV. erhob Ansprüche auf die Kurpfalz, und so kam es zu heftigen Kämpfen zwischen kaiserlichen und französischen Heerscharen. Städte und Burgen wurden zerstört, die Bevölkerung geriet, wie üblich bei den Machtkämpfen der Herren, zwischen die Fronten und unter die Räder. 1697 mußte die französische Krone auf die Kurpfalz verzichten, konnte aber ihren Besitzanspruch am Oberrhein ausdehnen und sich das Elsaß einverleiben: der Rhein war zur Grenze zwischen Frankreich und Deutschland geworden. Im Verlauf dieses Erbfolgekriegs trennte sich übrigens auch die Schweiz vom deutschen Reichsgebiet und entwickelte sich als eigenständiger, multikultureller Staat mit vier Sprachen.

Auch im deutschen Südwesten sprachen die Menschen mit verschiedenen Zungen, was sprachlos machte: der Adel parlierte in seinen Residenzen und Schlössern Französisch, in der katholischen Kirche galt nach wie vor das lateinische Wort, und vom Main bis zum Bodensee hatte eine Vielzahl unterschiedlicher Dialekte bei der Landbevölkerung, den Handwerkern und Kaufleuten nach wie vor ein festes Fundament.

Von der Französischen Revolution bis zum Tausendjährigen Reich

Das absolute Gegenteil zur deutschen Zersplitterung bildete im 18. Jahrhundert Frankreich. Der Hof von Versailles war das ausstrahlende Machtzentrum, während sich östlich des Rheins ein politischer «Flickerlteppich» herausgebildet hatte. Insgesamt 22 Adelsgeschlechter – darunter die Kurpfälzer, die Baden-Durlacher, die Baden-Badener, die Württemberger, die Habsburger, die Fürstenberger, die Hohenzollern, die Löwensteiner, die Hohenloher, die Fugger und Schwarzenberger – wachten eifersüchtig über ihre Machtbereiche. Dazu kamen sechs Erzbistümer, 21 Klöster, 25 freie Reichsstädte von Ulm über Isny bis Überlingen und Gengenbach, dazu noch Ritterorden wie die Johanniter von Heitersheim oder der Deutschorden von Mergentheim. Insgesamt wurden vor 1800 sage und schreibe 350 verschiedene Territorien auf dem Gebiet des heutigen Baden-Württemberg gezählt – ein Mosaik aus Eifersucht, Streit und Zollschranken.

Politische und wirtschaftliche Umwälzungen im Nachbarland Frankreich führten schließlich zu einem dramatischen Einschnitt, der den Südwesten zu neuen Ufern führte. Auslöser und Ausdruck der Umwälzungen war die Französische Revolution: «Liberté, Egalité, Fraternité» sollten an die Stelle des absoluten Feudalismus treten – doch wie ein Phönix konnte sich schließlich Napoleon Bonaparte aus der revolutionären Asche zum absoluten Herrscher Zentraleuropas emporschwingen.

Es hing an der Wende zum 19. Jahrhundert ganz von der Gnade und dem machtpolitischen Instinkt des französischen Kaisers ab, wer seine politische Flurbereinigung im deutschen Südwesten überstehen würde. Den verschwenderisch lebenden Klöstern – weit entfernt von den ursprünglichen geistigen wie geistlichen Idealen – ging es zuerst an den Kragen. Die barocken Prachtbauten in Oberschwaben wurden nicht mehr als Schmuckkästlein zur Ehre Gottes empfunden, sondern als übertriebene Selbstdarstellung kirchlichen Reichtums gebrandmarkt.

Napoleon griff durch: Zuerst entriß er deutschen Fürsten Ländereien auf dem linken Rheinufer – zur Entschädigung enteignete er süddeutsche Klöster, um ihre Besitzungen an die Adelsgeschlechter weiterzugeben. Als Säkularisierung wurde dieser juristische Prozeß bezeichnet, dem sich die machtlosen Klöster nicht entziehen konnten. An den Schätzen der Klostergüter hielten sich unter anderem die badischen Markgrafen, der Württemberger König oder die Fürsten von Thurn und Taxis schadlos.

Erst in der zweiten Hälfte unseres Jahrhunderts haben wir einen neuen Blick für diese umgekrempelte Klosterwelt Oberschwabens und des Schwarzwalds bekommen. So erhielten heruntergekommene Kirchen und Klöster Millionenspritzen aus der Staatskasse; und wiedererstanden sind in ganz Südwestdeutschland herausragende Kleinodien barocker Architektur und Ausstattungskunst.

Zurück ins Napoleonische Zeitalter. Einer der größten deutschen Nutznießer dieser umwälzenden Epoche war die badische Markgrafschaft. Als Markgraf Karl Friedrich von Baden-Durlach 1746 ans Ruder kam, war sein Einflußbereich vom Schloß im Karlsruher Hardtwald aus problemlos zu überblicken. Durch eine geschickte Heiratspolitik und diplomatisches Geschick aber gelang es, bis 1806 zu dem Großherzogtum zu werden, das vom Main bis zum Bodensee reichte und dessen Einwohnerzahl nahe an die Millionengrenze herankam. Napoleon vergaß nicht, daß sich die badischen Markgrafen auf seine Seite geschlagen hatten, und so belohnte er sie, ebenso wie das Königreich Württemberg und das Fürstentum Hohenzollern, mit der Herrschaft über die bisher zersplitterten Territorien.

So entstand zwischen 1803 und 1806 die politische Landkarte des deutschen Südwestens in einer Form, die bis 1945 grundsätzlich gültig blieb.

Der badische Landesteil konnte sich zu Beginn des 19. Jahrhunderts aber nicht nur zu einem einheitlichen, geographisch an einen langgestreckten Stiefel erinnernden Gebiet entwickeln, sondern auch bemerkenswerte Umwandlungen im Inneren vollziehen. Dafür sorgte in erster Linie der Markgraf und spätere Großherzog Karl Friedrich. In seiner 65jährigen Regierungszeit brach er mit feudalistischen Machtpositionen, wie sie damals in Deutschland gang und gäbe waren. So schaffte er 1767 die Folter ab und – besonders aufsehenerregend und beispielhaft – 1783 sogar die Leibeigenschaft. Dieser neue, liberale Geist ist dafür verantwortlich, daß Baden seit Karl Friedrich mit einem durchaus liebevollen Unterton als «Musterländle» bezeichnet wird – eine Bewertung, die in der Gegenwart großzügigerweise auch das Schwabenland mit einschließt. Das Wort des vorausschauenden Großherzogs: «Will jemand Freiheit haben, so muß er jedem andern den Genuß der Freiheit lassen» ist zweifellos in Rosa Luxemburgs Wahlspruch von der Freiheit des Andersdenkenden eingeflossen.

Die Herrscher des «Musterländles» verfolgten mit ihren Reformen auch das Ziel, die im 19. Jahrhundert stark wachsende Auswanderung einzudämmen. Die Neue Welt anzusteuern versuchten nach Schätzungen über 200000 Menschen aus dem deutschen Südwesten; 300000 Auswanderer wollten sich in Siebenbürgen und dem Banat eine zweite schwäbische Heimat aufbauen; auch Rußland und Preußen waren Ziele für je rund 100000 Südwestdeutsche, die zwischen Rhein und Iller Hunger litten und keine Zukunftsperspektive mehr sahen.

Eine Zukunftsperspektive bot – aus badischer und württembergischer Sicht – nach 1806 auch Napoleon nicht mehr. Die Herrscher beider Länder erwiesen sich als clever und wechselten rechtzeitig die Fronten, indem sie aus dem Rheinbund des korsischen Imperators ausscherten. So endete zwar 1806 das deutsche Kaiserreich, 1815 aber auch Napoleons Traum von der französischen Hegemonie in Europa. Im neu aus der Taufe gehobenen Deutschen Bund fiel die Kaiserwürde an die Habsburger; Baden, Württemberg und Hohenzollern waren eigenständige Mitglieder.

Noch glimmten aber die Ideale der Französischen Revolution, und im Südwesten hatte sich auch gehörig Sprengstoff angesammelt. Friedrich Hecker, der Mannheimer Rechtsanwalt, wurde zum Wortführer der Revolutionäre. Ihre Ziele klingen ganz aktuell: Einigkeit, Recht und Freiheit wollten die aus zumeist bürgerlich-liberalen Kreisen stammenden Männer erkämpfen, und sie gaben sich nicht mehr mit den großherzoglichen Zugeständnissen (Verfassung seit 1818, das erste deutsche Landesparlament seit 1822 in Karlsruhe) zufrieden, sondern verlangten den großen, bahnbrechenden Wurf. In Konstanz empörte sich Gustav Struve, und mit einem bewaffneten Haufen strebte er den Umsturz an. Doch die großherzoglichen Truppen machten Struves und Heckers Anhängern rasch den Garaus: die Freischärler wurden bei Kandern und in Freiburg geschlagen, Hecker flüchtete in die Schweiz und dann über den großen Teich. Die Erinnerung an ihn aber blieb bei manchen Badenern im Lied lebendig: «Wenn die Roten fragen, lebt der Hecker noch, sollt ihr ihnen sagen, ja er lebet noch. Er hängt an keinem Baume, er hängt an keinem Strick, er hänget an dem Traume der roten Republik.» 1849 schien die revolutionäre Saat besser aufzugehen. Überall in Baden entstanden Bürgerinitiativen, die Freiheit und Freizügigkeit forderten. Über 20000 Menschen versammelten sich Mitte Mai 1849 in Offenburg, und von dort aus zog der Landesausschuß nach Karlsruhe, um am 19. Mai eine Regierung zu bilden und die badische Republik auszurufen. Großherzog Leopold flüchtete, erhielt aber umgehend Schützenhilfe vom preußischen König.

Dessen militärisch gedrillte Truppen waren der badischen Volksarmee weit überlegen. Bei Waghäusel (nördlich von Karlsruhe) schlugen die Preußen zum erstenmal zu, und am 23. Juli mußten sich die letzten 5600 Aufständischen in der Rastatter Festung den eingedrungenen Regimentern des Preußenkönigs ergeben. Der Großherzog setzte sich wieder auf seinen Thron, die besiegten Aufständischen wurden unerbittlich verfolgt: Dutzende Hinrichtungen, Tausende von Gefängnisstrafen, wahre Auswanderungsströme nach Amerika waren die schlimme Folge der gescheiterten bürgerlichen Revolution in Baden.

Seitdem hatten auch die preußischen Hohenzollern wieder eine direkte Machtbasis in Oberschwaben. Denn seit 1850 beherrschten sie das Fürstentum Hohenzollern, und der Bezirk Sigmaringen wurde erst 1945 aus der preußischen Rheinprovinz herausgelöst. Inzwischen hatte sich der Streit um die Vorherrschaft in Mitteleuropa immer mehr zugespitzt. Preußen und Habsburg wollten sich gegenseitig an den Kragen, und der deutsche Südwesten schloß sich 1866 dem Norddeutschen Bund unter preußischer Führung an, entschied sich also gegen die österreichische Macht. Diese auch geographisch bemerkenswerte Kehrtwendung – zumal bisher die Blickrichtung nach Süden und Westen eindeutig überwogen hatte – führte schon wenige Jahre später zu einer schweren Belastungsprobe für das Oberrheingebiet. Die Franzosen nämlich mochten der Bismarckschen Reichsgründung nicht tatenlos zusehen und befürchteten vor allem wegen der Kandidatur des Erbprinzen von Hohenzollern-Sigmaringen um den spanischen Thron den Zugriff der Preußen auf außerdeutsche Gebiete. Sie erklärten den Krieg. Moltkes preußische und süddeutsche Truppen marschierten daraufhin im Elsaß und in Lothringen ein, und in Versailles mußte das geschlagene Frankreich am 26. Februar 1871 seine Kapitulationsurkunde unterzeichnen. Auf diese Weise war der ganze Oberrheingraben bis zum Vogesenkamm wieder deutsch geworden, und das neue Deutsche Reich – selbstredend ohne Österreich – gab sich preußisch-wilhelminisch: Stillgestanden!

Mit der Potsdamer Mentalität konnten sich die Bewohner Badens und Württembergs nicht so recht anfreunden. Denn das Reich strahlte Strenge und Ordnung, nicht aber die relativen Freizügigkeiten einer aufgeklärten, liberalen Monarchie aus, wie sie zwischen Main und Bodensee galten. «Mir ist nicht bange, daß Deutschland nicht eins werde, vor allem sei es in Liebe untereinander – Und immer sei eins, daß der deutsche Taler und Groschen im ganzen Reiche gleichen Wert habe – Eins, daß mein Reisekoffer durch alle deutschen Länder ungeöffnet passieren könnte», hatte Dichterfürst Goethe schon 1828 geschrieben – nach dem sensationellen Fall der Berliner Mauer und der Öffnung der DDR seit dem 9. November 1989 als äußerst prophetische Wunschvorstellung zu bewundern. In gewisser Weise waren Goethes Worte ja schon durch den aus Reutlingen stammenden Volkswirtschaftler Friedrich List vorweggenommen worden, der engagiert gegen Zollschranken und für den Eisenbahnbau kämpfte. Preußens Gloria aber ließ den Südwesten ziemlich kalt: Berlin war weit, der eigene Weinberg lag näher.

Trotzdem konnte und wollte sich aber die baden-württembergische Bevölkerung dem aufkommenden Nationalismus und Hurra-Patriotismus nicht entziehen, der sich zu Beginn unseres Jahrhunderts zu einer Volksbewegung ausweitete, die ganz Europa entzweite.

Nach der Ermordung des österreichisch-ungarischen Thronfolgers ergriffen die rivalisierenden Großmächte die Gelegenheit beim Schopf und erklärten sich gegenseitig den Krieg. Schon 1914 wurden die Vogesengipfel zum Austragungsort sinnloser Stellungskämpfe zwischen Deutschen und Franzosen. Vier Jahre dauerten die Schlachten in weiten Teilen Europas, ehe die Truppen nicht mehr als Kanonenfutter dienen mußten. Und wie schon im Dreißigjährigen Krieg litt auch die Zivilbevölkerung im Ersten Weltkrieg wieder am meisten: Bomben, Kugeln, Bajonette und Hungersnöte zerstörten Leben und Hoffnungen. Doch aus der Niederlage erwuchs auch ein neues politisches System: der geschlagene Kaiser Wilhelm II. mußte abdanken, und mit ihm wurden auch die anderen deutschen Potentaten von der Geschichte überrollt und hinweggefegt.

Der badische Großherzog Friedrich II. hatte politisch ebenfalls ausgespielt, nannte sich seit 1918 wieder bescheidener Markgraf und zog sich nach Badenweiler zurück. Sein gleichermaßen entmachteter Nachbar, König Wilhelm II. von Württemberg, trug von nun an – eine Nummer kleiner – nur noch den Herzogstitel und verbrachte seinen Lebensabend in Schloß Bebenhausen.

Reichskanzler war seit 1918 Prinz Max von Baden, der mit dem amerikanischen Präsidenten Wilson die Friedensverhandlungen aufnahm und so auch daran mitwirkte, daß aus dem deutschen Kaiserreich eine Republik werden konnte. Entscheidender aber waren die kriegsmüden, revoltierenden Arbeiter und Soldaten, die sich auch im Südwesten nicht mit deutscher Großmannssucht identifizierten. Aus den Staaten Baden und Württemberg wurden 1918 Länder, die sich als «Demokratische Republik Baden» und «Freier Volksstaat Württemberg» bezeichneten. Mit der Demokratie und Freiheit aber ging es rasch wieder bergab. Arbeitslosigkeit, Inflation, das Parteiengezänk der Weimarer Republik und nicht zuletzt die Diskussionen um die Kriegsschuldfrage und die Versailler Verträge führten zu einem starken Anwachsen dumpf-nationalistischer Empfindungen, die von den Nationalsozialisten entzündet und angeheizt wurden. Wenngleich die Nazis im Südwesten nicht die gleiche Resonanz fanden wie in anderen Teilen Deutschlands, so fiel die braune Saat doch auch hier auf fruchtbaren Boden. Trotz der sprichwörtlich toleranten Geisteshaltung von Badenern und Württembergern wurden die Juden auch am Oberrhein zum Prügelknaben, gerieten die Franzosen als «Erbfeind» wieder ins Visier, richtete sich germanischer Rassen- und Größenwahn gegen Ausländer und Andersdenkende.

«1933 ergriffen die Nazis die Macht», heißt es im allgemeinen. Die Macht «ergreifen» konnte die NSDAP aber nur, weil Hitler für einen großen Teil der Deutschen als erste Wahl galt, als rettender Führer. Ausschreitungen, Judenboykotte, Synagogenzerstörungen, Enteignungen und Konzentrationslager waren auch im Südwesten zu beklagen. Hatten die Franzosen auf ihrer Rheinseite im Ersten Weltkrieg die Maginotlinie befestigt, so setzten die Deutschen 1938 noch eins drauf: sie sicherten ihr Rheinufer, indem sie den zwischen Aachen und dem Basler Rheinknie 630 Kilometer langen Westwall erbauten.

Die Nazis schufen mit den Gauen Württemberg-Hohenzollern und Baden auch eine neue politische Struktur, die sich im übrigen fast völlig mit den noch heute geltenden «Grenzen» zwischen den beiden Landesteilen deckt. Robert Wagner befehligte den Gau Baden – dem 1940 das eroberte Elsaß zugeschlagen wurde –, und Wilhelm Murr fungierte als Hitlers verlängerter Arm im Gau Württemberg. Noch nie gehört, diese Gauleiternamen? Ob dies womöglich mit unserer Art von Geschichtsbetrachtung und Vergangenheitsbewältigung zusammenhängt, in der ja eher die heroischen Vorbilder und positiven Seiten dominieren?

Davon konnte natürlich im gleichgeschalteten Nationalsozialismus keine Rede mehr sein. Hitler rüstete unter aktiver Beteiligung der Großindustrie planmäßig auf, und wenngleich die Deutschen nicht mehr so begeistert wie noch 1914 ins «Feld der Ehre» ziehen wollten, so waren sie doch in ihrer großen Mehrheit bedenkenlos bereit, für den Führer und das deutsche Wesen Kopf und Kragen zu riskieren. Wer sich widersetzte oder als «unwert» definiert wurde, wanderte mit großer Wahrscheinlichkeit in die Konzentrationslager. Kislau und Ankenburg, Heuberg, Welzheim und Kuhberg sind Namen, die für Baden-Württemberg seither mit einer schrecklichen Erinnerung verbunden sind.

1939 wurde der Zweite Weltkrieg vom «Tausendjährigen Reich» angezettelt. Als sich die Rauchwolken nach sechs Jahren verzogen hatten, war unermeßliches Leid zu beklagen, das mit der nüchternen Statistik (285 000 an den Fronten gefallene Baden-Württemberger, dazu Hunderttausende Zivilopfer, ermordete Juden und Behinderte, Kriegsgefangene und Fremdarbeiter) nur unzureichend in Worte gefaßt werden kann. Von den Alliierten wurden auch im Südwesten die Kerne vieler Städte bombardiert. Gewachsene Zentren wie die von Freiburg und Ulm, von Heilbronn und Pforzheim fielen in Schutt und Asche, die Bewohner von Rheindörfern flohen vor den Luftangriffen in den Schwarzwald, wo sie als «Westwallzigeuner» tituliert wurden.

42 Prozent aller Badener und Württemberger hatten bei den Reichstagswahlen am 5. März 1933 für die NSDAP gestimmt. Hätten sie gewußt, welches Schicksal sie ein Jahrzehnt später erwarten würde, hätte Hitler sicherlich keinen so großen Anklang gefunden.

Offener Widerstand gegen die Nazi-Diktatur war in den späten dreißiger Jahren selten, weil lebensgefährlich. Der Mut des Schreiners Georg Elser aus Hermaringen bei Heidenheim in der Ostalb war die ganz große Ausnahme. Er sah sich moralisch zum Tyrannenmord gezwungen und wollte Hitler am 8. November 1939 im Münchner Bürgerbräukeller durch einen Sprengstoffanschlag töten. Dies mißlang, Hitler und seine Gefolgsleute konnten weiter wüten, der Zweite Weltkrieg forderte in aller Welt Millionen Opfer.

Im November 1944 kam die Wende für das Oberrheingebiet. Amerikanische GIs besetzten Straßburg und weitere Teile des Elsaß, und am 15. April 1945 setzten amerikanische und französische Truppen über den Rhein in die Ortenau. Schon am 31. März hatten diese Alliierten den Kraichgau zwischen Karlsruhe und Mannheim im Griff: das braune Regime brach zusammen, und bis zum 30. April 1945 war das gesamte Gebiet von Baden-Württemberg in amerikanischer und französischer Hand, befreit von der Naziherrschaft.

Theodor Heuss, der spätere Bundespräsident, lehnte es in den ersten Nachkriegsjahren ab, ganz Deutschland eine «Kollektivschuld» für diese Schreckenszeit zuzuweisen. Stattdessen prägte er das Wort von der «Kollektivscham», ein Begriff, der ja auch eine moralische und politische Gesamtverantwortung jedes einzelnen beinhaltet.

Fast 10 Millionen Häuslesbauer, 1100 Gemeinden, 35 Landkreise, 1 Bundesland

Nach der Kapitulation des Dritten Deutschen Reiches kam das benachbarte Elsaß wieder zu Frankreich. Diese Siegermacht übte nach dem 8. Mai 1945 den entscheidenden Einfluß auf die Zukunft des Südwestens aus. Bei der Weichenstellung sprachen allerdings die Amerikaner das gewichtigste Wort. Da sie von der Heidelberger Kulisse überaus begeistert waren und sie als Inbegriff der Romantik empfanden, verschonten sie das Schloß mit ihren Luftangriffen und machten nach dem Sieg die Neckarstadt zu ihrem europäischen Hauptquartier. Von dort aus lenkten sie die Geschicke ihrer Besatzungszone. Als Autofahrer-Nation legten die Amerikaner übrigens größten Wert darauf, daß die Reichsautobahn Karlsruhe – München vollständig in ihrer Zone lag. Und so kam es, daß die französische Besatzungszone südlich dieser Autobahn begann und sich von der Linie Karlsruhe – Ulm bis zum Hochrhein erstreckte. Außerdem umfaßte ihr Einflußbereich Rheinland-Pfalz. Diese Regelung zwischen Washington und Paris ließ die historischen Gebiete Baden und Württemberg völlig außer acht, zerteilte sie vielmehr. Gültig ist diese Nachkriegsordnung nur noch in den öffentlich-rechtlichen Radiowellen: die Sendegebiete des Süddeutschen Rundfunks mit Sitz in Stuttgart und die des Südwestfunks mit Sitz in Baden-Baden orientieren sich bis heute an den Besatzungszonen. Auch Lothar Späths Fusionsbestrebungen 1990 haben daran nichts zu ändern vermocht.

Die US-Besatzungszone wurde zum Kunstgebilde «Württemberg-Baden» umbenannt; in der französischen Zone kam es auf Anordnung der Siegermächte zur Schaffung der Länder Württemberg-Hohenzollern (Regierungssitz Tübingen) und Baden (Regierungssitz Freiburg). Auch in diese südwestdeutschen Gebiete kamen nach dem Weltkrieg riesige Ströme von Heimatvertriebenen – vor allem aus Ost- und Westpreußen. Zusammen mit DDR-Flüchtlingen addierte sich die Zahl dieser Bürger auf der Suche nach Zukunft und neuer Heimat auf 1,6 Millionen, betrug also fast ein Fünftel der baden-württembergischen Gesamtbevölkerung. Bei der aktuellen Diskussion über Aussiedler aus Rumänien oder der Sowjetunion nach Deutschland sollten wir gelegentlich daran denken, daß unser Land vor Jahrzehnten weit größere Massen verkraften konnte. Und in der Vergangenheit haben auch Auswanderer aus dem verarmten Südwesten auf solidarische und freundliche Aufnahme in der Fremde gehofft. Dies verpflichtet.

Die Währungsreform 1948 löste einen Boom, Wirtschaftswunder genannt, aus, und ein Jahr später durften die entnazifizierten Deutschen sich auch in parlamentarischer Demokratie üben – mit nachdrücklichem Nachhilfeunterricht des großen amerikanischen Bruders, zu dem der einstige Gegner inzwischen geworden war. Fast alle Bundesländer entstanden in diesen Jahren in neuer Gestalt, so auch Baden-Württemberg.

Die Befürworter gingen ganz schön clever vor: da bekannt war, daß die südbadischen Altbadener gegen einen Zusammenschluß mit den Schwaben plädieren würden, kam es zu harten Verhandlungen über den Wahlmodus. Nachdem der Freiburger Staatspräsident Leo Wohleb eine Mehrheitsentscheidung aller Wahlberechtigten im «Musterländle» geschluckt hatte, war der Weg frei. Die Volksabstimmung vom 9. Dezember

1951 erwies sich sodann als Geburtsstunde des neuen, gemeinsamen Bundeslandes Baden-Württemberg. Immerhin stimmten fast 70 Prozent für den Südweststaat, also eine deutliche Mehrheit. Auch in Nordbaden traf die Ehe mit Stuttgart auf breites Einverständnis, während Südbaden sich ebenso deutlich gegen einen Zusammenschluß mit Württemberg sträubte. Obwohl schon vier Jahrzehnte seither ins «Ländle» gezogen sind, wird in Stuttgart und Freiburg von Fall zu Fall mit süffisantem Unterton gern an diese zweideutige Abstimmung erinnert und manchmal sogar eine neue Badenfrage herbeigeredet. Meistens geht's dann um den Geldbeutel, den ja Schwaben und Alemannen bekanntlich sehr dicht am Herzen tragen.

Gegliedert ist Baden-Württemberg seit 1952 in die vier Regierungsbezirke Nordbaden (Karlsruhe), Südbaden (Freiburg), Nordwürttemberg (Stuttgart) und Südwürttemberg-Hohenzollern (Tübingen). Nach der Gebietsreform in den siebziger Jahren benannte man die Regierungssitze nach ihren Hauptstädten. Diese von viel Murren begleitete Verwaltungsreform schloß nicht nur viele kleinere Dörfer zu größeren Einheiten zusammen – statt 3300 Gemeinden gibt es nur noch 1100 –, sondern trennte den badischen Landesteil auch vom Main: der Kreis Tauberbischofsheim fiel von Karlsruher Zuständigkeit in Stuttgarter Hände. Und seitdem gibt es noch 35 Landkreise in Baden-Württemberg, angefangen von den wirtschaftlichen Giganten im Mittleren Neckarraum bis hin zu den ökonomischen Schlußlichtern im Nord- und Südteil des Bundeslandes. Diese rangieren aber immer noch weit über dem bundesdeutschen Wohlstandsdurchschnitt, und außerdem verfügen sie zumeist über ruhige Naturlandschaften. So wird zwischen Stuttgart und Ravensburg, zwischen Mannheim und Isny viel geboten: Industriereviere hier, Idylle dort. Die Auswahl ist groß, die Entscheidung fällt schwer.

Apropos wählen: im Landtag herrschen seit 1952 eigentlich immer klare Verhältnisse. Die CDU war stets die stärkste Partei, wenngleich sie die Regierungsverantwortung auch mal mit SPD oder FDP teilen mußte. Seit 1972 aber haben die Christdemokraten im Landtag jeweils die absolute Mehrheit bei den Wählern erreicht, konnten und können also die Alleinregierung stellen. Nachdem Ministerpräsident Filbinger, der furchtbare Jurist, moralisch und politisch über ein Todesurteil stolperte, das er als Marinerichter in den letzten Tagen der Nazidiktatur gegen einen Fahnenflüchtigen ausgesprochen hatte, kam der pfiffige Lothar Späth ans Ruder. Das «Cleverle», wie der durchaus zu unkonventionellen und zukunftsweisenden Gedankengängen fähige Manager auf dem Ministerpräsidentensessel von seinen Landsleuten treffend charakterisiert wurde, hat zwar immer auch nach höheren Bonner Weihen geschielt, sich aber dann doch mit der Villa Reitzenstein in Stuttgart begnügt. Umso überraschender für das ganze Land war Späths Rückzug aus der Politik Mitte Januar 1991.

Am 22. Januar wählte der Landtag in Stuttgart den neuen Ministerpräsidenten: Erwin Teufel.

Zwischen Kuckucksuhr und High-Tech

Keine Frage: das «Musterländle» hat sich Zukunft verordnet. Das Ursprungsland von Porsche und Daimler-Benz, die Heimat der Tüftler und Bastler ist für die Anforderungen der kommenden Jahrzehnte gut gerüstet. Die Weichen sind für den Fortschritt gestellt, und die Zeichen der Wirtschaft sprechen eine beredte Sprache: eine geringe Arbeitslosenzahl zeigt, daß es den meisten Schwaben und Badenern im Südweststaat ganz gut geht, eine hohe Exportquote symbolisiert Konkurrenzfähigkeit und die immense Zahl mittelständischer Betriebe bezeugt das Vertrauen der bodenständigen Unternehmer in ihren früheren Landesvater Lothar Späth, dem man hier den anerkennenden Spitznamen «Cleverle» verpaßt hat. Dabei hat das Land im Südwesten, das noch vor hundert Jahren das Armenhaus Europas war, auch heute noch keine reichen natürlichen Ressourcen, die den Wirtschaftsunternehmen einen Standort in Baden-Württemberg von vorneherein als Platz an der Sonne erscheinen ließen. Weder Bodenschätze noch natürliche Energiequellen waren hier je im Übermaß vorhanden, und auch wer sein Auskommen in der Landwirtschaft suchte, fand in den meist kleinen, durch das Realerbteilungsrecht zersplitterten Betrieben keine allzu günstige Wirtschaftsgrundlage. Wer oder was also hat dem Raum im Südwesten seinen heutigen hohen technischen und wirtschaftlichen Standard beschert?

England stand schon voll unter Dampf und auch der größte Teil Deutschlands nutzte bei der Mechanisierung die Kraft von Kohlenglut und Wasserdampf, als Altwürttemberg um 1850 noch eine bäuerliche Provinz darstellte, die höchstens für ihre Pfarrer und Poeten bekannt war, geprägt durch kleine Bauern und arme Handwerker. An Voraussetzungen für eine industrielle Entwicklung brachte das zerklüftete und teilweise wasserarme Land wenig mit. Eine Wurzel der baden-württembergischen Entwicklung liegt dennoch in dieser eher kargen natürlichen Ausstattung: Seit jeher waren die Menschen hier erfinderisch. Ob es die frühen Kuckucksuhren waren oder der erste Dieselmotor, die Tüftler fanden immer eine Lösung, die sie oftmals mit erstaunlich geringem materiellen Aufwand umsetzten. Die Rohstoffe waren nie im Überfluß vorhanden; der Zwang, sparsam zu wirtschaften und für eine lange Lebensdauer zu produzieren, haben dem «Musterländle» die Grundlage für Qualitätsansprüche geschaffen, die heute weltweit geschätzt werden. Stimulierend wirkte die Natur dabei trotz aller Hindernisse, die sie dem Menschen in den Weg legte. Die landschaftliche Vielfalt der unterschiedlichen Naturräume belebte den Austausch, die Verbreitung von Handwerkskunst und Wirtschaftsweisen. Verschwenderisch ging das Land dagegen mit seiner wertvollsten Grundlage wirtschaftlichen Erfolges um: jeder zehnte Schwabe wanderte um die Mitte des vergangenen Jahrhunderts nach Amerika aus.

Schaffe, spare, Häusle baue

Ins Rollen gebracht hat, so sagen die Historiker, erst Ferdinand Steinbeis die württembergische Industrie. 1848 gründete er die «Centralstelle für Gewerbe und Handel».

Kapitalspritzen belebten die zaghaften Wirtschaftssprößlinge, Gewerbeausstellungen sorgten für regen Austausch und das Schulwesen begann sich allmählich mehr an Naturwissenschaft und Technik auszurichten. Antriebsfeder waren aber auch die weniger schönen Seiten der feudalen Vergangenheit: die Eigentumsverhältnisse. Das Bestreben, sein «Gütle» oder «Stückle» zu erhalten, drückt sich heute noch darin aus, daß eine Vielzahl von Hobby-Obstgärten und Miniweinbergen das Freizeitleben der «Schaffer» dominiert. Das «Grubeln» auf eigener Scholle ist oft weniger eine reine Erholung als die Verlagerung des Leistungsprinzips ins Private. Im vorigen Jahrhundert aber waren viele dieser kleinen Grundstücke noch die Ernährungsgrundlage für vielköpfige Familien. Von Generation zu Generation durch Realteilung geschrumpft, zwang das kleinkammerige Land seine Bewohner dazu, einem Zu- oder Nebenerwerb nachzugehen.

Als Treibsatz für die beginnende Industrialisierung wird vielerorts auch der Pietismus betrachtet. Die protestantische Innerlichkeit brachte ein Arbeitsethos hervor, wie es andernorts unbekannt ist. Manch ruheständlerischer Schwabe scheut auch im hohen Alter noch davor zurück, sich zu anderen Zeiten als dem Sonntagvormittag auf der Bank vor seinem Haus niederzulassen: «Die Leut' könntet ja meinen, man hätte nichts zu schaffen.» Doch die Nähe von pietistischer Werk-Ethik und industrieller Arbeitsdisziplin ist – wissenschaftlich betrachtet – auch ein gutes Stück weit volkstümliche Legendenbildung. Sie verursachte nur zu einem geringen Teil die wirtschaftliche Prosperität, die nicht unerheblich auf der klassischen Ahnenreihe schwäbischer Unternehmer, vom Kleinbauer – Handwerker – Facharbeiter zum Betriebsgründer, fußt. Heute ist es eine gewachsene Wirtschaftsstruktur, die längst eine Eigendynamik entwickelt hat. Dabei spielt auch eine wichtige Rolle, daß man im Südwesten einfach das Glück hatte, die Geburts- und Wirkungsstätte eines Gottlieb Daimler oder eines Robert Bosch zu beherbergen. Die von ihnen initiierten Arbeitsplätze auch in der Zuliefererindustrie gehen mittlerweile in die Hunderttausende. Heute stehen viele im Heimatland der mittelständischen Industrie den Großen der Branche kritisch gegenüber: das stete Wachstum des Daimler-Konzerns und die zunehmende Verflechtung mit der Rüstungsindustrie beispielsweise schafft vielerorts Unbehagen. Und der Weltruhm mancher schwäbischer Firma sorgt beileibe nicht ausschließlich für Identifikation. So werden die Produkte der Waffenfirmen Heckler und Koch oder Mauser nicht überall nur als hochgelobte Qualitätsprodukte gesehen, und die Verstrickungen der Lahrer Firma Imhausen in den Bau einer libyschen Produktionsstätte für Chemiewaffen schlug hohe Wellen.

Hochangesehen: High-Tech-Zentren mit Sogwirkung

Abgesehen von einigen regionalen Strukturproblemen in den nördlichen Landesteilen steht Baden-Württemberg gut da: Das «Ländle» hat den historischen Vorteil, daß keine Krisen die alten Industrien geschüttelt oder gar zerstört haben, wie das im Rheinland mit dem Kohlebergbau oder im Norden mit dem Schiffsbau geschah. Die Hauptrolle in der Industriestruktur spielen seit jeher Branchen, deren Produktqualität stark vom Stand der Technik abhängt, wie die Elektrik- oder Elektronikindustrie, der Maschinen- oder Kraftfahrzeugbau, die Nachrichten- und Informationstechnik. Und diese Sparten profitieren auch vom Engagement der Landesregierung, die sich verstärkt für die Ansiedlung von Forschungsinstituten und Technologiezentren eingesetzt hat. Zwar war die wirtschaftliche Wirkung, die von diesen Zentren mit nur wenigen, aber hochqualifizierten Mitarbeitern ausging, unmittelbar gering. Als vertrauensbildende Maßnahme hat die konsequente Förderung der wissenschaftlichen High-Tech-Einrich-

Bildkommentare

Odenwald, Unterer Neckar, Bergstraße und Kraichgau

Seite 57:
Der baden-württembergische Odenwald bildet zusammen mit dem Neckartal einen Naturpark, der noch genügend Auslaufmöglichkeiten und Entdeckertouren bietet.

Seite 58:
Mannheim, die zweitgrößte Stadt Baden-Württembergs, ist oftmals nur wegen der alphabetischen Straßennumerierung und der «Waldhof-Buben» bekannt. Dabei kann sich Mannheim eines kulturellen Angebots rühmen, das das manch anderer Stadt in den Schatten zu stellen vermag. Mannheims Bühnen strahlen weit ins Umland aus, ebenso seine Universität. Wahrzeichen von «Mannem» ist der Wasserturm, ein beliebter Treffpunkt voller Licht- und Wasserspiele. – Die bedeutendste europäische Wasserstraße, den Rhein, bekommt ins Blickfeld, wer mit dem Aufzug in die obersten Stockwerke des Fernsehturms im Luisenpark hinauffährt. Von dort oben wird auch die nahtlose Verquikkung mit der rheinland-pfälzischen Nachbarstadt Ludwigshafen deutlich. Also: «Nüwer üwer die Brück.»

Seite 59:
Der Mannheimer Luisenpark, vor Jahren Schauplatz der Bundesgartenschau, ist eines der beliebtesten Freizeitreviere der nordbadischen Industriestadt.

Seite 60:
Der Schloßpark der Spargelmetropole Schwetzingen – ein Gartenbau-Kunstwerk wie aus einem Guß. Skulpturen mit erotischem Anstrich ziehen die Blicke auf sich: Hauptanziehungspunkt neben der Moschee ist der Apollo-Tempel, der – im richtigen Licht gesehen – durchaus als griechisches Stimmungsbild wirkt.

Seite 61:
Jedes Jahr neu verlieren Zigtausende ihr Herz an Heidelberg. Die Schokoladenseite der alten badischen Universitätsstadt bekommt man am eindrucksvollsten vom Neckar, vom Philosophenweg und vom Heiligenberg aus präsentiert: Schiffsrundfahrt, historische Nekkarbrücke, markante Schloßruinen vor dem bewaldeten Königstuhl.

Seite 62 oben:
«Don't worry, be happy» hat als Studentenmotto auch in Heidelberg die Sauflieder der schlagenden Verbindungen übertrumpft. Die alte Burschenherrlichkeit ist passé, doch die Fassade der alten Bibliothek erstrahlt weiterhin im Glanze des Bewußtseins, in einer der ältesten Universitätsstädte Deutschlands zu stehen.

Unten:
Der Heidelberger Marktplatz wird wegen der Heiliggeistkirche von den Touristen angesteuert. Doch dank vieler Straßencafés bietet er auch Gelegenheit zur Erholung vom Bummel durch die Altstadt.

Seite 63:
Der Neckar verwöhnt die Wassersportler vor allem zwischen Eberbach und Heidelberg mit allerlei Entfaltungsmöglichkeiten. Die Wasserstraße muß allerdings mit den Frachtkähnen geteilt werden, die die Industriereviere am Mittleren Neckar und den Rhein ansteuern.

Seiten 64/65:
Wie im Bilderbuch: die Dilsburg hoch über dem Neckar. Man könnte sich keine bessere Plattform vorstellen, um die Neckarwindungen und Neckargemünd oder den Odenwald in den Blick zu bekommen. So haben sich Ort und Burg Dilsburg zu einem Touristenmagneten entwickelt.

Seiten 66/67:
Spektakuläre Greifvogelvorführungen auf Burg Guttenberg, Sitz der Deutschen Greifvogelwarte. In der Hauptsaison herrscht hier Massenandrang. Haarscharf über die Köpfe der Besucher hinweg rauschen gewaltige Adler und Geier, ihre Beutestücke fest im Blick und im Griff. Bei einem Rundgang durch die Burg offenbaren sich freilich auch ganz andere Perspektiven: Wir haben indianische und orientalische Kulturen vor Augen – was den guten Blick des Hausherrn für geflügelte Welten eindrucksvoll beweist.

Seite 68:
Der Kraichgau gilt seit alters als verkehrsgünstiges Durchgangsland. So ist es nur folgerichtig, daß sich in Sinzheim, direkt neben der Autobahn Mannheim–Nürnberg, ein faszinierendes Verkehrsmuseum befindet, das auch eingefleischte Fußgänger in seinen Bann zu ziehen vermag. Die ganze Bandbreite der technischen Entwicklung in puncto Verkehr wird hier vor Augen geführt – mit Schwerpunkt auf Luftfahrt und Straße. Und so dürfen natürlich eine JU 52, aber auch ein Trabi nicht fehlen.

SCHLOSS - HEIDELBERG

BIBLIOTHEK

806
NEPOMUK
numme net huddle

HISTORIK

Ju 52-3m

tungen allerdings ihren Zweck erfüllt. Die psychologische Sogwirkung bewirkte die Ansiedlung der zukunftsorientierten Branchen im Südwesten, als andere Bundesländer noch gar nicht an Technologiezentren dachten, Technologie-Transfer vielleicht mit Computertransport verwechselten. Im Späth-Kapitalismus bedeutet dieses Zauberwort die Nutzung des einzigen wichtigen Rohstoffes, den der Landesvater in seinem Reich ausgemacht hatte: der Kreativität. 13 Institute der Max-Planck-Gesellschaft haben sich hier niedergelassen, 14 der Fraunhofer-Gesellschaft, darüberhinaus gibt es Großforschungseinrichtungen und Institute der industriellen Gemeinschaftsforschung.

Nichts geht übers Studieren an Rhein und Neckar

Profitiert hat das «Ländle» auch schlicht und einfach von der Tatsache, mit Heidelberg, Tübingen und Freiburg nicht nur drei alte Universitätsstädte zu beherbergen, sondern darüberhinaus auch Studentenstädtchen, die in der Gunst junger Karriereplaner ganz oben stehen. Nicht wenige haben nach ihrem Studienaufenthalt hier diese Region zu ihrer Heimat gemacht. Heute stehen den Studenten immerhin 64 Hoch- und Fachhochschulen zur Auswahl; das Spektrum der Bildungseinrichtungen reicht von der ältesten Universität der Bundesrepublik in Heidelberg bis zur Berufsakademie, das Fächerangebot von der Luft- und Raumfahrttechnik über Forstwissenschaft und Theologie bis zum Umweltingenieur. Zwar klagen viele Firmen abseits der Ballungsräume Mittlerer Neckar und Rhein-Neckar darüber, daß sie bei der Bezahlung qualifizierter Fachkräfte mit diesen Industrieregionen nicht mithalten können. Wichtige Anreize bildet aber zunehmend der Freizeit- und Erholungswert. Da muß es nicht einmal der Liegeplatz am Bodensee für die Segelyacht sein, der mit dem neuen Arbeitsplatz zusammen in Aussicht gestellt wird, wie das die High-Tech-Industrie am Bodensee schon gelegentlich macht.

Solche Qual der Wahl bleibt den meisten Arbeitskräften im «Ländle» vorenthalten. So gut die Statistik der Arbeitslosenzahlen die Beschäftigten im Musterland dastehen läßt, die klassische Karriere der Tüftler und Denker, der unternehmerisch Aktiven oder universitär Qualifizierten bleibt oft ein unerfüllter Wunschtraum, genauso die Hoffnung aufs höchste Ziel der schwäbischen Schaffer: das eigene «Häusle». Wer nicht ein Grundstück geerbt hat, für den bleibt der Reigen «Schaffe – Spare – Häusle baue» unvollendet. Noch ist der Traum vom Eigenheim zwar die schönste Erfüllung eines arbeitsamen Schwabenlebens und die Baubranche «boomt» im Heimatland der Bausparkassen. Aber die Grundstückspreise sind nahe den Ballungsräumen mit dem Ausbau der Verkehrsanbindung immer weiter geklettert. Vorbei scheinen die Zeiten, da schwäbische Unternehmer ihren Aufgaben- und Fürsorgebereich auch auf die Lebensbedingungen ihrer Arbeitskräfte ausgedehnt sehen wollten. Noch bilden in vielen Städten die großen Siedlungen der Werkswohnungen eigene Gebiete firmenbezogener Zusammengehörigkeit, aber die Grundstückspreise haben schon manches Unternehmen dazu bewegt, diese Wohnungen in Eigentumswohnungen umzuwandeln.

Nicht erst im Zusammenhang mit Übersiedlern aus der DDR hat sich die Koppelung von Arbeitsplatz und Wohnung deswegen zu einem probaten Mittel im Kampf gegen das gemausert, was anderswo angesichts der Beschäftigungslosigkeit wie Zynismus klingt: Facharbeitermangel beklagen seit langem mittelständische Unternehmen in Baden-Württemberg. Gut haben es wiederum diejenigen Betriebe, die Standortvorteile am Rande eines Ballungsraumes mit dem Vorzug entspannter Wohnraumsituation verbinden können. Zwar gibt es auch heute noch die Busse von Daimler-Benz und anderen Großbetrieben, die Tag für Tag ihre Arbeiter aus den entlegensten Orten der ländlichen Gebiete herankarren – dreimal täglich hin und zurück, zu jeder Schicht. Aber längst hat sich auch im Schwarzwald eine Industrie entwickelt, die den Bewohnern des Waldgebirges ein sicheres Auskommen garantiert. Hier, wo vor hundert Jahren bäuerliche Heimarbeit eine Stütze für die karge Landwirtschaft bot, hat sich der Wandel vielleicht am dramatischsten vollzogen. Die traditionelle Uhrenindustrie, die auf der frühen Herstellung hölzerner Uhren basierte, litt vor nicht allzu langer Zeit noch an der Konkurrenz fernöstlicher Quarztechnologie. Jetzt hat sich die Branche gewandelt; teilweise fertigt oder verarbeitet man heute selbst die winzigen Chips, die den technischen Fortschritt charakterisieren: von der Kuckucksuhr zum High-Tech.

Das Ländle – ein Landschaftsmosaik

Eines gleich vorweg: wer sich das «Musterländle» im Südwesten der Republik anschaut und ein naturräumlich einheitliches Baden-Württemberg-Bild erwartet, der wird angenehm überrascht. Im gleichen Maße wie sich das noch junge Bundesland im Südwesten Deutschlands historisch und politisch vielfältig zusammensetzt aus den Teilen Württemberg, Baden und Hohenzollern, ist auch sein Naturraum zwischen Frankreich und Bayern abwechslungsreich gestaltet. Wer das Land von Süd nach Nord oder von West nach Ost durchquert, erlebt einen Bilderbogen der unterschiedlichsten Landschaften: das schroffe Waldgebirge des Schwarzwaldes wechselt mit den lieblichen Formen und Farben der von der Sonne verwöhnten Oberrheinebene, fruchtbare Ackerbaulandschaften des Korngäus dehnen sich aus vor der Kulisse der steil aufragenden, weißen Jurafelsen am Albtrauf. Längst hat sich das junge Bundesland abseits der Ballungsräume auch zu einer Touristenregion entwickelt, in der immer mehr Menschen Erholung suchen.

Die landschaftliche Vielfalt des «Ländles» ist sein wichtigstes Merkmal, aber auch sein Kapital. Wer hier lebt, hat die Naturschönheiten zwischen Alpen und Nordsee sozusagen auf kleinstem Raum vor seiner Haustüre. Die Menschen, die hier arbeiteten, hatten nie den Vorteil riesiger gleichartiger Flächen, die eine Landwirtschaft in großem Maßstab erst rentabel machen. Aber in ihren verschiedenen Lebensräumen entwickelten die Volksstämme der Schwaben und Alemannen die speziellen Techniken und handwerklichen Kunstfertigkeiten, die dem Land seine heutige Stellung ermöglichen: als Geburtsstätte von Tüftlern und Erfindern.

Nicht nur die Tourismus-Manager sehen Baden-Württemberg als «Freizeitland». Daß seine Bewohner die Attraktivität dieses Naturraumes zu schätzen wissen, zeigt sich nicht nur an den Wochenenden und Ferientagen, wenn Schwaben und Badener gleichermaßen Erholung suchen auf den Höhen von Schwarzwald und Schwäbischer Alb, im lieblichen Neckartal oder an den Gestaden des «Schwäbischen Meeres», dem Bodensee. Auch für immer mehr auswärtige Touristen bietet sich zwischen dem Alpenvorland im Süden und den letzten Ausläufern der Jura-Höhenzüge im Norden eine Ferienlandschaft, in der die Natur trotz aller Einschränkungen durch die moderne Zivilisation noch Erlebnisse bietet, die man in anderen Teilen Deutschlands vergeblich sucht. Der pralle Obstgarten am rebumkränzten Kaiserstuhl ist ebenso ein Anziehungspunkt, wie es die lieblichen Anhöhen des Voralpenlandes sind. Und das Wegenetz, das die Mitglieder des Schwarzwaldvereins und des Schwäbischen-Albvereins über die Höhenzüge legten, markiert heute das am besten erschlossene Wandergebiet der Republik, in dem sich die Natur auf die sinnvollste Art erleben läßt: zu Fuß.

Was ihre Heimat in der linken unteren Ecke der großen Schulkarte Deutschlands so attraktiv macht, das lernen die Kinder heute schon früh in Heimatkunde und Geographie: die geotektonische Struktur, der steinerne Untergrund, gibt der Landschaft ihr reizvolles und immer wieder unterschiedliches Gepräge. Besonders charakteristisch ist der Fächer, der sich südwestlich der Landeshauptstadt Stuttgart ausbreitet: Schichtstufenlandschaft nennen die Geologen den Wechsel zwischen den steileren Stufenrändern von Schwarzwald und Alb nach Westen hin, der durch sanft nach Osten abfallende Flächen ergänzt wird. Von der Rheinebene im Südwesten bis zum Hohenloher Land im Nordwesten zeigt dieser Fächer einen Querschnitt durch die Schichten der steinernen Torte, die Meere vergangener Jahrmillionen hinterlassen haben. Als ob der Erdgeschichte diese Skala einer stetigen Entwicklung noch nicht genügen würde, sind darin eingelagert die Zeugnisse der jüngsten erdgeschichtlichen Ereignisse, wie der Alpenfaltung oder des Einbruchs des Oberrheingrabens. Anschaulich und verständlich aber werden diese Veränderungen erst, wenn man sie durch einen Zeitraffer hindurch beobachtet, der kleinste, über Jahrtausende hinweg erfolgte Veränderungen im Landschaftsbild beschleunigt.

Als ob sich die Ordnungsliebe des Schwabenstammes hier bewahrheiten sollte, sind die geologischen Schichten größtenteils noch so erhalten, wie sie vor Jahrmillionen abgelagert wurden – nur eben gekippt und an manchen Stellen angenagt vom Zahn der Zeit. Den Untergrund der Schichten des Gesteinspaketes bildet ein Grundgebirge aus Granit und Gneis, das nur im Schwarzwald an die Oberfläche gelangt. Überall sonst ist diese Grundlage bedeckt mit den Hinterlassenschaften flacher Randmeere, die über Jahrmillionen dieses ehemalige Binnenbecken auffüllten. Die ältesten und am tiefsten liegenden Gesteine, deren Bestandteile in den Meeren des Erdaltertums im Perm und Karbon abgelagert wurden, sind schwach und nur an wenigen Stellen erhalten. Mit einer mächtigen Schicht aus der Trias von Buntsandstein, Muschelkalk und Keuper sowie den Gesteinspaketen des Jura ist das Erdmittelalter vertreten. Von der Zeit vor 60 bis 200 Millionen Jahren zeugen mächtige Ablagerungen warmer Meere, die erst durch den Millionen Jahre währenden Druck der überlagernden Schichten zu Stein gepreßt wurden. Sie bilden heute die Unterlage der meist fruchtbaren Gäuplatten rund um die Landeshauptstadt und die markanten Höhenzüge der Schwäbischen Alb.

Daß über all diese Schichten aber nicht einfach Gras gewachsen ist und die Geologen nun in kilometertiefen Bohrungen nachsehen müssen, was sich im Untergrund verbirgt, das verdanken die Erdwissenschaftler der Erdneuzeit, die vor 60 Millionen Jahren im Tertiär Bewegung in das wohlsortierte Paket brachte: die Alpen im Süden falteten sich zu enormer Höhe empor und schleppten dabei auch die angrenzenden Schichten mit sich. Mitgerissen durch die Vorgänge in der Erdkruste wurde auch die heutige Oberrheinebene als Teil eines Grabenbruchs, der sich vom Mittelmeer bis nach Schweden erstreckt. Im selben Maße, wie der Oberrheingraben einsackte, wölbten sich an seinen Seiten die Grabenschultern des heutigen Schwarzwaldes und der Vogesen auf. Die Hornisgrinde und der Feldberg waren die Punkte, die am stärksten emporgehoben wurden. Sie waren aber auch den zerstörenden Kräften von Wind und Wetter am meisten ausgesetzt, und so verloren sie in den letzten Million Jahren ihr schützendes Deckkleid des Gesteinspaketes fast völlig.

Westlich dieser intensivsten Hebungszone waren die Deckschichten mitgehoben worden, und die Widerstandsfähigkeit ihrer einzelnen Schichten entschied im Laufe Tausender von Jahren über die Form, die die Landschaft im Südwesten annahm. Der Buntsandstein als erste Schicht auf dem Deckgebirge prägt noch weite Teile der Schwarzwaldhöhen, Muschelkalk und Keuper bilden dann in den nach Osten folgenden geringeren Höhen oft nur schmale Rippen, bis der Jura wieder als oberste Auflage des Gesteinspaketes unter anderem mit einem mächtigen Albtrauf zutage tritt.

Während die beiden landschaftlichen Großräume der Oberrheinebene und der Schichtstufenlandschaft eine so offensichtliche Verbindung eingehen, wird der Bezug zum dritten natürlichen Großraum in Baden-Württemberg, der Voralpenregion, erst durch die jüngsten erdgeschichtlichen Ereignisse deutlich: die Eiszeiten überformten das Vorland der Alpen in vier Vorstößen. In den Kaltzeiten von Günz, Mindel, Riß und Würm erhielten auch die Höhen des Schwarzwaldes ein neues Gesicht. Vom Anfang der Klimaverschlechterung vor rund 600000 Jahren bis vor etwa 10000 Jahren wurde der südliche Landesteil mit mächtigen Eisschichten überzogen. An manchen Stellen, wie auf den Schwarzwaldgipfeln, hobelte die Eismasse das Gestein ab und rundete die Formen. An anderen Stellen, wie im Alpenvorland, überwiegen in landschaftsprägender Hinsicht die Überreste, die das Eis bei seinem Rückzug hinterlassen hat. Die flache Jung- und Altmoränenlandschaft ist durch sanfte Kuppen geprägt, die größeren Erhebungen sind vulkanischen Ursprungs, wie die Hegauvulkane in Oberschwaben, oder hängen direkt mit der Alpenfaltung zusammen, wie der «Schwarze Grat» und die Nagelfluhkette der Adelegg, die die 1000-Meter-Höhengrenze überragt.

Das Landschaftsmosaik im «Ländle» hat bei aller Vielfalt und Unterschiedlichkeit System. Zwar wird die oben getroffene Dreiteilung in Oberrheinebene, Schichtstufenlandschaft und Voralpenregion der kleinräumigen Unterteilung noch nicht gerecht, aber sie bildet einen ersten Schritt, um die naturräumliche Gliederung, wie sie die Geographen getroffen haben, verständlich zu machen: Während die Oberrheinebene auf ihrer ganzen Länge vom Hochrhein bei Weil bis zur rheinland-pfälzischen Landesgrenze bei Mannheim landschaftlich trotz der Unterteilung in die Weinbaugebiete des Markgräflerlandes und der Ortenau als eine Einheit empfunden wird, ist das Schichtstufenland zu vielgestaltig, um als ein Ganzes erlebt zu werden.

Schon der Schwarzwald unterscheidet sich in seinem südlichen und nördlichen Landesteil, getrennt durch das querverlaufende Kinzigtal, das bei Offenburg endet. Die sich westlich im Norden an den Schwarzwald anschließenden Gäuplatten stellen mit dem Mittleren Neckarraum eine weitere Einheit dar, an die sich westlich wiederum das Albvorland und die Schwäbische Alb anschließen. Im Süden des Schwarzwaldes leitet der Hochrhein über in die milde Landschaft Oberschwabens, die das Alpenvorland und die Bodenseeregion verbindet. An der östlichen Landesgrenze bestimmen die sanften Formen des Allgäus die Region des Voralpenlandes. Im Norden kennzeichnet die geologische Gliederung der Neckargäuplatten die fruchtbare Senke des Kraichgaus, der nach Westen hin sanft in die Oberrheinebene übergeht, nach Nordwesten hin sind es die ebenfalls geologisch abgegrenzten Tauberplatten, die das stille Hohenloher Land markieren. Sind es im Süden die Gewässer des Rheinknies und des Bodensees, die die Landesgrenze begleiten, so folgt der Verlauf der nördlichen und östlichen politischen Begrenzung keinen natürlichen Grenzen und zerschneidet denn auch Räume, die zum Beispiel von den Eigenarten der Bewohner her gleich sind, Mentalität und Mundart lassen hier weniger Abgrenzung denn Gemeinschaft erkennen.

Doch die Vielgestaltigkeit der einzelnen Landesteile drückt sich nicht nur in den Oberflächenformen aus, die der steinerne Untergrund diktiert. Die Eigenart und die Reize eines jeden Landstrichs machen vielmehr eine Reihe von Faktoren aus, die erst in ihrem Zusammenwirken den typischen Charakter einer Region bestimmen. Die Oberrheinebene zum Beispiel verdankt einen großen Teil ihrer Fruchtbarkeit vor allem dem milden Klima. Wenn auf den Anhöhen des Schwarzwaldes noch die Skifahrer ihren winterlichen Vergügungen nachgehen, blühen rund um den Kaiserstuhl, im Markgräflerland und in der Ortenau schon die Narzissen und Magnolien. Und das milde, südliche Klima, das dem Obst- und Blumengarten am Bodensee sein buntes Kleid verleiht, weicht weiter nördlich schon bald den rauhen Winden, die auch die Schwäbische Alb und ihre Bewohner geprägt haben.

Das Klima zwischen dem sonnenverwöhnten Frankreich im Westen und dem bayerischen Freistaat im Osten unterscheidet sich generell nicht allzu sehr von den Wesenszügen des Klimas im übrigen Deutschland. Auch hier macht sich die Stetigkeit der regenbringenden Westwinde durch ein ozeanisches, im Jahresverlauf sehr ausgeglichenes Klima bemerkbar. Aber wiederum sind es die kleinräumliche Gliederung des Landes, das Relief und die unterschiedlichen Höhenlagen der verschiedenen Landschaftsräume, die jeder Region ihr eigenes Gepräge geben. Der Schwarzwald zum Beispiel stellt sich den ozeanischen Luftmassen aus dem Westen durch seinen Nord-Süd-Verlauf in voller Länge entgegen und wird durch reichliche Niederschläge dafür belohnt. In abgeschwächter Form findet diese Stauung der feuchten Luftmassen auch vor der Schwäbischen Alb und den Keuperwaldbergen statt, indes sind die Niederschlagsmengen wegen der geringeren Höhe nicht so groß, und auch das winterliche Schneekleid hält hier nicht lange vor. Im Windschatten der Höhenzüge, nachdem sich die Luftmassen beim Anstieg vor den Hindernissen abgekühlt und abgeregnet haben, sind die Niederschlagsmengen wesentlich geringer. Die Oberrheinebene profitiert hier in zweierlei Hinsicht: zum einen wirken die nahen elsässischen Vogesen als Regenfänger, zum anderen bescheren die niedrige Höhenlage und die Burgundische Pforte als Einlaßstelle für südliche Luftmassen dem Garten am Oberrhein ein überaus mildes Klima, in dem neben reichlichen Mengen an Obst auch Wein und andere Sonderkulturen wie Tabak gedeihen. Die trockene Lage im Regenschatten eines Höhenzuges genießen auch der Mittlere Neckarraum und die Baar sowie die Südostabdachung der Schwäbischen Alb mit dem Donautal, ebenso der Nordosten des Landes mit dem Taubertal im Windschatten von Odenwald und Spessart.

Wo sich den Westwinden keine Gebirgszüge oder hohen Stufen entgegenstellen, sondern flache Hügellandschaften wie der Kraichgau, kann das milde Klima der Rheinebene noch weiter in den Osten des Landes vordringen, und auch zahlreiche Quertäler des Schwarzwaldes kommen in dessen Genuß. So wachsen tief im Kinzigtal bei Offenburg noch Reben; und auch im Glottertal, das durch seine als Schwarzwaldklinik bekannt gewordene Kuranstalt fast zu Weltruhm gelangt ist, wird ein guter Roter angebaut.

Doch über die Erfassung der meteorologischen Daten von Temperatur und Niederschlagsmengen hinaus wurde in den vergangenen Jahren eine Variante des Klimabegriffs immer bedeutsamer, die auch in Baden-Württemberg Einfluß auf Leben und Wirtschaften nimmt: Das «Bioklima» umfaßt die Wirkungen, die von positiv wirkenden Kältereizen und negativ wirkender Wärmebelastung auf den Menschen ausgehen. Wo Wein wächst, so eine vielleicht etwas zu saloppe Formel der Meteorologen, läßt sich im Sommer nicht gut Urlaub machen. Der Schwarzwald ist es wieder einmal, der durch seine Höhenlage, seine reine Luft und die nächtliche Abkühlung im Sommer positive Reize für das Wohlbefinden der Menschen setzt, und seit langem nutzen zahlreiche Kur- und Badeorte die heilsamen Wirkungen des milden Reizklimas, meist in Kombination mit der Anwendung von Thermalbädern aus natürlichen Quellen.

Die Nähe zum milden Süden tat schon von jeher den Menschen gut, und auch die übrigen Naturfaktoren prädestinierten das Land für eine frühe Besiedlung. Daß das immerhin drittgrößte Land der Bundesrepublik als ein «Freizeitland» bezeichnet wird, verdankt es ebenfalls der Gunst der Natur. Gute bis mittlere Bodenqualitäten erlaubten vielerorts ein Auskommen der Bauern auch mit kleineren Anbauflächen, wie sie heute noch in den Realerbteilungsgebieten die Regel sind. Nicht der älteste Sohn übernahm den Betrieb, die Fläche wurde vielmehr unter allen männlichen Kindern aufgeteilt. In manchen Orten – sofern die Flurbereinigung nicht gleichmacherisch über die Felder gegangen ist – finden sich auch heute noch diese zersplitterten Besitztümer, wo auf fast handtuchgroßen Äckern gewirtschaftet wird. Geradezu gesegnet wiederum waren die Anwohner der Oberrheinebene und des Kaiserstuhls. Die Winde der Eiszeiten bescherten ihnen eine Auflage aus dem allerfeinsten Staub der in den Trockenzeiten ungeschützt liegenden Schotterflächen. Löß heißt das Zauberwort, das Winzern, Obst- und Gemüsebauern beste Erträge garantiert, weil Wasserhaushalt und Fruchtbarkeit dieser Auflage als nahezu ideal gelten können.

Eher traurig mutet dagegen die Tatsache an, daß der Südwesten – noch immer eine der waldreichsten Landschaften in Deutschland – seinen Charakter vielleicht bald durch das fortschreitende Waldsterben grundlegend verändern wird. Forscher und Naturschützer sehen vor allem die Westabdachung und die Höhen des Schwarzwaldes seit langem als gefährdet, wenn nicht sogar als todkrank an. Jahrelang wurden ihre Warnungen überhört, jetzt, da die Schäden auch für die Laien erkennbar werden, versucht man zu retten, was noch zu retten ist. Doch das Waldsterben scheint auf menschliche Anstrengungen erst mit jahrzehntelanger Verzögerung zu reagieren; und das Stagnieren der Schäden, das in jüngster Zeit festgestellt wurde, führen Experten mehr auf die unbeeinflußbaren Klimafaktoren zurück als auf menschliches Bemühen. Immer mehr wird nun die Monokultur der reinen Fichtenschonungen aufgegeben und durch naturnahen Mischwald ersetzt, der zwar nicht so schnell einen Erlös in Aussicht stellt wie reiner Nadelwald, sich dafür aber als resistenter gegen Krankheiten erweist.

Was den Wald vielleicht retten wird, ist aber seine große Bedeutung für alle, die mancher erst durch die heftig geführten Diskussionen der vergangenen Jahre zu schätzen gelernt hat. Kapital ist er nicht nur für die Forstbesitzer, die mit Kalkgaben am Boden und teilweise auch aus der Luft versuchen, die Verschlechterung des Gesundheitszustandes aufzuhalten. In klingender Münze zahlt sich Jahr für Jahr auch das mystisch-friedliche Image des finsteren Forstes aus, das über Jahrhunderte durch Märchen und Sagen aufgebaut wurde und heute immer mehr Erholungssuchende in seinen Bann zieht.

Seite 77:
Karlsruhe, die großherzogliche Fächerstadt, offenbart im prächtigen Schloßpark überraschende An- und Einsichten wie diesen Jugendstilbrunnen. Direkt daneben spielen Deutsche mit Franzosen, Italienern, Jugoslawen und Türken Fußball: eine multikulturelle Gesellschaft, an der das «Touristenbähnle» friedlich vorbeibimmelt.

Seite 78:
Klasse und Klassizismus: das Zentrum der Residenzstadt Karlsruhe steckt voller architektonischer Symbole und gradliniger Baudenkmäler. Die Pyramide vor dem Weinbrennerschen Rathaus ist zweifellos das berühmteste. Mancher Karlsruher aber – wie dieser gewaltige Recke im Schloßpark – wäre wohl am liebsten mit dem Knüppel auf diejenigen Stadtplaner losgegangen, die der markgräflichen Gruft im Untergrund eine öffentliche Bedürfnisanstalt an die Seite stellten. Die Schloßfassade strahlt im Gegensatz dazu ausschließlich geplante Harmonie und Symmetrie aus.

Seite 79:
Favorit unter den nord- und mittelbadischen Schlössern, die am nördlichen Oberrhein so zahlreich anzutreffen sind wie sonst nirgends in Baden-Württemberg: das Lustschloß «Favorite» bei Rastatt. Sein Bau entsprang markgräflicher Leidenschaft – die Baukosten der feudalen Anlagen brauchten von den Herrschaften nicht ins Kalkül gezogen zu werden, denn sie konnten absolut denken und handeln.

Seiten 80/81:
Baden-Baden: im 19. Jahrhundert europaweit die beste Adresse für all jene, die Rang und Namen hatten und in ebensolcher Gesellschaft ihre Gesundheit und ihre Spielleidenschaft pflegen wollten. Der internationale Kurort kennt bis heute nicht seinesgleichen in deutschen Landen. Die Lichtentaler Allee führt mitten hinein in die Belle Epoque: die «Caracalla-Thermen» verbinden römische Badetradition mit modernem Komfort. Beim Blick vom Neuen Schloß auf die gediegenen Bürgerhäuser wird deutlich, daß Baden-Baden reizende Schwarzwaldluft schnuppert. Im dritten Hörfunkprogramm des hier beheimateten Südwestfunks wird der «Schwarzwaldelch» nicht müde, auf die günstige Lage hinzuweisen.

Seite 82:
Offenburg hat sich zu einem bedeutenden Zentrum am Oberrhein entwickelt, dessen wirtschaftliche Perspektiven günstig aussehen. Dies zeigt vor allem der Blick vom überragenden Burda-Haus. In der Fußgängerzone treiben zur Freude der Kinder seltsame Fabelgestalten ihr Unwesen.

Seite 83:
In der Ortenau und im Breisgau werden Lebenslust und Unterhaltung großgeschrieben. Der familienfreundliche «Europapark Rust» lockt jährlich Hunderttausende von Erlebnishungrigen an, die nicht nur aus Deutschland, sondern auch aus Frankreich, der Schweiz und den Niederlanden kommen, um sich an Sensationen wie den «Todesspringern von Acapulco» oder an vielfältigen Architekturzitaten wie dem italienischen Campanile (rechts unten) zu ergötzen. Der eher gemütliche Typ kommt bei der Einkehr im Tennenbacher Tal zwischen Emmendingen, Sexau und Freiamt auf seine Rechnung. Die Burg Ortenberg bei Offenburg (links unten) markiert die Nahtstelle zwischen Wein- und Waldland der Ortenau.

Seite 84:
Voll im Griff in Zell am Harmersbach: Das Kinzigtal trennt den Nordschwarzwald vom mittleren und südlichen Teil des Mittelgebirges, bildet zugleich aber die beste Eingangspforte.

Seite 85:
Der Kaiserstuhl, eine Vulkaninsel in der Oberrheinischen Tiefebene. Im Sommer können auf dem Trockenrasen des Badbergs 70 Grad Celsius gemessen werden – einen heißeren Ort gibt es nirgendwo sonst in Deutschland. Und so wirbt der genossenschaftliche «Winzerkeller» in Breisach, mit einem Fassungsvermögen von 70 Millionen Litern die größte Weinkellerei Europas, mit dem zugkräftigen Slogan: «Badischer Wein, von der Sonne verwöhnt».

Seite 86:
Im sanften Herbstlicht gleitet der Blick über ausgezeichnete Weinbaugebiete Deutschlands bis hinüber ins Elsaß. – Um die Burgruine Landeck bei Teningen liegen zwei badische Weinbaugebiete ausgebreitet: der Breisgau und die markante Kaiserstuhl-Kulisse. Nicht weit im Westen erheben sich jenseits des Rheins die Vogesengipfel. Beim Stichwort «Eiswein» wird's dem Kenner warm ums Herz; doch der Winzer holt sich bei der Lese klamme Finger.

Seite 87:
Wie Riesensandkuchen wirken die Großterrassen des Kaiserstuhls. Zwar ist die Arbeit der Winzer leichter geworden, doch die massiven Eingriffe haben den Erlebniswert der Landschaft stark beeinträchtigt. – Über eine serpentinenreiche Paßstraße erreicht man den inneren Kaiserstuhl.

Seite 88:
Den Südwesten des Südweststaats und die Jurahügel der Schweiz hat der Besucher der Burgruine Rötteln hoch über Lörrach im Blick. Die größte Stadt zwischen Oberrheinebene, Markgräflerland, Südschwarzwald und Hochrhein wird von der Wiese passiert und geht fast nahtlos in den Schweizer Kanton Basel-Stadt über. Alemannisch wird auf beiden Seiten «gschwätzt».

MARKGRAF CARL WILHELM
LEGTE DEN ERSTEN GRUNDSTEIN

EUROPA PARK
EUROPA PARK

Haus zum Greif
57

Rund um Stuttgart: Herzklopfen am Neckar

Stuttgart und das Neckarland bilden das Herz des Landes Baden-Württemberg. Eingebettet zwischen Schwarzwald und Schwäbischer Alb, hat sich der Naturraum, der durch die teilweise tief eingeschnittenen Tallandschaften des Neckars geprägt wird, zu einer Region entwickelt, in der die Kulturlandschaft die sanften Formen der fruchtbaren Neckarplatten zuzudecken scheint. Doch selbst wer in der Landeshauptstadt Stuttgart unterwegs ist, verliert die Natur nicht aus dem Blick. «Großstadt zwischen Wald und Reben», so titulierte das Stuttgarter Verkehrsamt schon vor langem das Industriezentrum am Nesenbach, wo fast 600000 emsige Schwaben die Hänge des Talkessels bis an den säumenden Waldkranz auf der Höhe zugebaut haben. Das Grün der Rebflächen zieht sich aber heute noch bis in die Stadtmitte, dort setzen die herrschaftlichen Anlagen des Schloßparks die Grüne Lunge der Großstadt am Neckar fort. Und nur wenige Kilometer außerhalb der Stadt bietet die Schwabenmetropole den Ausflüglern genügend Gelegenheit zu einer Fahrt ins Grüne und Blaue: die Täler von Neckar, Rems und Fils laden zum Wandern oder Radfahren ein, der Naturpark Schönbuch liegt sozusagen vor der Haustüre, und bei einer Wanderung durch die Rebberge von Stromberg und Heuchelberg kann man die Trollingerpflanzen bewundern, deren Produkt den Schwaben so ans Herz gewachsen ist, daß nur wenige Tropfen des landestypischen Gewächses die Grenzen zum Export überqueren.

Geprägt ist der Naturraum Mittlerer Neckar durch die fruchtbaren Gäuplatten auf dem Untergrund von Muschelkalk und Keuper, deren Ergiebigkeit sich jeweils schon an den Landschaftsnamen ablesen läßt: das Heckengäu liegt auf dem wasserzehrenden, teils verkarsteten Hauptmuschelkalk. Auf der wenig fruchtbaren Fläche sammelten die Bauern aus ihren steinigen Äckern die dicksten Felsbrocken heraus, um mit den Lesesteinwällen ihre Felder abzugrenzen und vor Windauswehungen zu schützen. In den nach Osten hin sich anschließenden, ebenen Korngäuplatten wird der Hauptmuschelkalk allmählich von der nur geringmächtigen Decke des Lettenkeuper überzogen. Die Oberen Gäue schließen sich nördlich des Neckarquellgebiets an und begleiten den Ostrand des Schwarzwaldes nach Norden bis über das südlich von Pforzheim gelegene Würmtal hinaus; hier wechseln sich verschiedene Gäuplatten ab.

Das Zentrum der Region bildet das tief liegende Neckarbecken. Der Strom ist eingebettet zwischen den rebbewachsenen Strom- und Heuchelberg im Norden, die inmitten der fruchtbaren Altsiedellandschaft des lößbedeckten Zabergäus liegen, und dem Glemswald im Süden. Im Osten bildet das Keuperbergland einen ausgeprägten Stufenrand. Der Mittlere Neckarraum ist kein einheitlicher Naturraum, ebensowenig wie das Neckarland, das alle Gäuflächen im Einzugsbereich des Neckars und seiner Nebenflüsse umfaßt.

Es handelt sich nicht einmal um einen traditionellen Landschaftsnamen, weil hierfür die einheitlichen Strukturen fehlen. Gut abgegrenzt ist dieser Raum aber durch die Grenzen zu den umliegenden Landschaftsräumen und durch die Tatsache, daß das kleinräumige Geflecht verschiedener Landschaftsformen und ihrer Besiedlung gesteuert ist durch das Zentrum der Landeshauptstadt in seiner Mitte.

Aber selbst dieses Zentrum, das die Geographen treffend als einen gewaltigen Ballungsraum bezeichnen, hat auch etwas von seiner Natürlichkeit bewahren können. Kennzeichen dafür sind nicht zuletzt die Rebflächen, die im Herzen der Stadt bis an den Hauptbahnhof heranreichen – die teuersten Weingärten der Stadt, bedenkt man die Bodenpreise. Hier schneiden sich am und unter dem Hauptbahnhof die Verkehrslinien aus allen vier Himmelsrichtungen. Auf vier Ebenen kreuzen sich Eisenbahn und S-Bahn, Straßenbahn und Omnibus. Zu schaffen macht den Stuttgartern die Kessellage, die in früheren Jahrhunderten mit ihrem milden, geschützten Klima gute Wuchsbedingungen verhieß. Heute dagegen ist es oft die «dicke Suppe», die man mit der Kessellage verbindet. Dann schaut man nur mehr von der Spitze des Fernsehturms auf dem Bopser über die Schwabenmetropole hinweg. Wie die Hänge des Stuttgarter Kessels ist auch das milde Neckartal mit seinen warmen Kalkböden und Durchschnittstemperaturen von etwa 10 Grad gut geeignet für den Obst- und Weinbau. Und am Killesberg entstand nahe dem Messegelände ein blühender Höhenpark, in dem die Stuttgarter ebenso gerne Erholung suchen wie in den ausgedehnten Schloßparkanlagen.

In den peripher gelegenen Stadtteilen ist der Anblick eines mit Trauben beladenen Anhängers oder des neben dem Wohnhaus einfahrenden Treckers auch heute noch keine Seltenheit. Der neben dem Hauptbahnhof wichtigste Anschluß der Stadt an die große weite Welt liegt denn auch inmitten der Filderflächen, wo unter startenden und landenden Flugzeugen das bekannte Spitzkraut angebaut wird. Durch den geplanten Ausbau des Flughafens Echterdingen sahen sich die Landwirte hier in ihrer Existenz bedroht. Wegen der mächtigen Auflage aus Löß und Lößlehm zählen die Filderflächen zu den fruchtbarsten Böden des Landes, so daß die Bauern auf die Barrikaden gingen. Das für die Region so typische Spitzkraut hat es immerhin zur Berühmtheit gebracht.

Einmal auf der Anhöhe des Kessels angelangt, kann man die Stadt in einem grünen Kranz, der sie umgibt, fast umrunden. In Möhringen prägen noch die alten Bauernhöfe den Ortskern, im nahen Plieningen bilden eine alte Zehntscheuer, Rathaus und Kirche den Dorfmittelpunkt. In Hohenheim ist im barock-klassizistischen Schloß heute die Universität untergebracht. Cannstatt, wieder unten am Neckar gelegen, hat sich seinen Bad-Titel durch Mineralquellen erschlossen, die das frühere, selbständige Dorf schneller und weiter bekannt gemacht haben als das damalige Stuttgart. Seit 1905 erst ist Bad Cannstatt ein Stadtteil der Landeshauptstadt, und seine Wurzeln sind viel älter als die des nahen Konkurrenten. Das heute zweitgrößte Mineralwasservorkommen Europas liegt auf Boden, der schon römische Siedler anlockte, die dem Ort 1330 Stadtrecht verliehen. Die Cannstatter haben ihre eigene Mentalität, wenn auch nicht ihre Selbständigkeit bewahrt, und es gibt kaum eine zuverlässigere Art, sich unbeliebt zu machen, als einen Cannstatter einen Stuttgarter zu nennen. Immerhin liegt eines der jüngsten Renommiervorhaben der Stadtväter auf Cannstatter Gebiet: das riesige Veranstaltungszentrum der Hans-Martin-Schleyer-Halle.

An Cannstatts Neckargestaden legen auch die Schiffe der «Weißen Neckarflotte» zu ihren Ausflugsfahrten an, und viele Passagiere verbinden eine solche Reise mit dem Besuch in der nahen Wilhelma. Der zoologische Garten mit einem der größten Magnolienhaine der Welt, riesigen Gewächshäusern und Hunderten von fremdartigen Tieren hat es zu Weltruhm gebracht. Der Zoo von internationalem Rang verdankt seine Entstehung einer fürstlichen Laune Wilhelms I., der 1840 hier einen privaten Lustgarten anlegen ließ. Erst nach dem letzten Krieg wurde die Wilhelma zu einem modernen Tierpark umgestaltet.

Den Neckar entlang gelangt man auch zu einem weiteren begehrten Ausflugsziel, dem Max-Eyth-See, auf dem sich bei schönem Wetter – keine Viertelstunde vom Stadtzentrum entfernt – Segler und Surfer am Fuße der Rebberge des Neckars tummeln. Wer mehr Ruhe und Einsamkeit sucht, der findet sie bei der «Solitude», dem

Lustschlößchen, das 1767 im Rokokostil gebaut wurde und an der schnurgeraden Straße nach Ludwigsburg liegt. Herrschaftlich geht es auch auf dem aussichtsreichen Rotenberg in Untertürkheim zu. Der 411 Meter hohe Berg überragt den «Guten Stern», der zu seinen Füßen das Stadtbild dominiert und dessen Zeichen täglich auf die Nobelkarossen montiert wird. Den kuppelgekrönten Rundbau, der hier steht, ließ König Wilhelm I. anstelle der Stammburg der Württemberger Grafen für seine 1819 verstorbene Gemahlin Katharina als Grabkapelle errichten. Von hier ziehen sich die Weinberge über Uhlbach hinweg bis ins nahe Esslingen.

Die ehemals «Freie Reichsstadt Esslingen» hat sich ihr historisches Stadtbild weitaus besser erhalten können als der große Nachbar Stuttgart. Der als «Burg» bekannte Blickfang ist indes gar keine Burg, sondern der nördlichste Teil der Stadtbefestigung. Von hier aus hat man einen prächtigen Blick auf Esslingens Altstadt mit dem Marktplatz und den historischen Bürgerhäusern. Das idyllische Fachwerk mit der dezenten Barockkulisse läßt beinahe vergessen, daß die Stadt am Neckar mit den vielen romantischen Winkeln ein modernes Gebilde mit Wohnvorstädten und Industrieanlagen ist.

Während das östlich Esslingens an ein Neckarknie anknüpfende Filstal heute eher das Bild einer Siedlungskette bietet, die durch ein modernes Industrieband zusammengehalten wird, hat das weiter nördlich parallel verlaufende Remstal seinen ländlichen Charakter noch eher bewahren können. Seit fast 2000 Jahren wird hier Weinbau betrieben, und kaum ein Schwabe kann die Ortsnamen von Korb, Stetten, Strümpfelbach oder Schnait in seinem Bewußtsein von den dazugehörigen Lagebezeichnungen der bekannten Weinsorten lösen. Hauptort des Weinbautals ist jedoch Schorndorf, dessen historischer Stadtkern gut erhalten ist und zu einem Bummel durch die Geschichte einlädt.

Der Schwäbische Wald ist ein Naturpark, der direkt vor der Haustüre der Stuttgarter liegt. Eine «Idyllische Straße» macht den Autofahrer auf einer Länge von rund 130 Kilometern mit den Schönheiten des Welzheimer Waldes, des Murrhardter Waldes und den Löwensteiner Bergen bekannt. Doch auch die kleineren Städte Waiblingen an der Rems oder Backnang profitieren von der Oase in unmittelbarer Reichweite. Der Wechsel von weiten offenen Hochflächen mit kleinen Dörfern und Gehöften, stillen Tälern und bewaldeten Hängen machen das sanfte Waldgebirge für viele Naturliebhaber so anziehend. Zum Baden locken zahlreiche Stauseen, die meist erst in jüngster Zeit angelegt wurden, wie der Ebnisee.

Herrschaftlichen Ursprunges ist eine Stadt, die heute im Schatten der Landeshauptstadt an Geltungskraft verloren hat. In Ludwigsburg zieht die Blumenpracht des «Blühenden Barock» rund um das Schloß jährlich Tausende von Besuchern an. 1954 wurde der Garten anläßlich des Jubiläums zum 250. Jahrestag der Schloßgründung neu angelegt und hat sich seitdem zu einem Publikumsmagneten ersten Ranges entwickelt. Als das Schloß – heute das größte Barockschloß Deutschlands mit etwa 450 Räumen – 1724 fertig war, verlegte Herzog Eberhard Ludwig seine Residenz ganz in die neue Stadt, die ebenso wie das Schloß nach einem systematischen Bauplan entstanden war: Württemberg hatte eine neue Hauptstadt. In jüngerer Zeit nun ist Ludwigsburg wieder aus dem Schatten der Landeshauptstadt herausgetreten, und neben dem «Blühenden Barock» gehören die Schloßfestspiele und ein neues Kulturzentrum zu den stärksten Anziehungspunkten in Stuttgarts Peripherie.

Nur zwei Neckarschlingen nördlich von Ludwigsburg liegt ein verträumtes Fachwerkstädtchen, dem man nicht ansieht, daß es eines der bedeutendsten deutschen Literaturmuseen beherbergt. Marbach mit seinen von Fachwerkhäusern gesäumten Gassen ist Schillers Geburtsort und Sitz des Schiller-Nationalmuseums, das einen umfassenden Überblick über das deutsche Literaturschaffen der vergangenen 250 Jahre bietet, darunter natürlich zahlreiche Originale von Schiller. Gut erhalten und stilvoll renoviert wurde auch der Ortskern von Bietigheim. Selten stören hier unpassende Modernitäten die mit viel Fingerspitzengefühl hergerichtete «Gute Stube» der Innenstadt. Nur Auswärtige vermuten, daß für die reichlich geflossenen öffentlichen Gelder zur Renovierung und zum Kauf der zahlreichen Kunstwerke in den kopfsteingepflasterten Gassen die Tatsache eine Rolle gespielt haben könnte, daß der frühere Landesvater Lothar Späth noch immer zur Skatrunde in seine Heimatstadt kommt.

Das Stroh- und Heckengäu, das sich westlich an den Stuttgarter Talkessel anschließt, kann als württembergisches Kernland gelten. Jeder, der den Markgröninger Schäferlauf über die gelben Stoppelfelder einmal miterlebt hat, wird die Bezeichnung Strohgäu für diesen Landstrich nicht so schnell vergessen. Doch die traditionsreichen Feste können nicht darüberhinwegtäuschen, daß sich einige der Fachwerkstädtchen zu industriellen Zentren gemausert haben. Böblingen und Sindelfingen beispielsweise wetteifern um die jeweils schönste und attraktivste Einrichtung, die sie dank der reichen Steuereinnahmen durch die Giganten IBM, Daimler-Benz und Hewlett & Packard ihren Einwohnern bieten können. Weil der Stadt und Leonberg sind weitere Schmuckstücke im Hecken- und Schlehengäu, die auf eine reiche Geschichte zurückschauen können, Leonberg wurde 1248 als württembergische Grenzfestung gebaut und hat sich dank seiner Lage im Knotenpunkt eines Autobahndreiecks rasant weiterentwickelt. Weil der Stadt war jahrhundertelang freie Reichsstadt und beherbergt heute das Keplermuseum, das vom Lebenswerk des großen Astronomen und Mathematikers berichtet.

Als eine der Perlen dieser Region kann ein Naturraum bezeichnet werden, der im Süden des Dreiecks zwischen Schwarzwald und Schwäbischer Alb liegt: der Schönbuch. Das waldreiche Hügelland südwestlich von Stuttgart war der erste ausgewiesene Naturpark. Zwischen Herrenberg, Tübingen, Böblingen und Nürtingen nimmt der Neckar freundlich die Mischwälder auf den Keuperflächen und die Äcker auf der Liasunterlage in den Arm. Hier fehlen zwar die spektakulären Naturschönheiten, dafür findet der flüchtende Städter Ruhe in der sanft gewellten Waldlandschaft, die als ehemalig herzögliches Jagdrevier heute noch ein großes Freigehege mit Rotwild besitzt. Und zahlreiche originelle Baumgebilde im Naturpark Schönbuch sind zu Naturdenkmälern erklärt worden. Zu den beliebtesten Ausflugszielen gehört das Siebenmühlental, wo einige der ehemaligen Mühlen in Ausflugsgaststätten umgewandelt wurden. Im weiter südlich gelegenen Tübingen übt die Mischung aus dem romantischen Stadtbild und dem kulturellen Angebot der jugendlich-lebhaften Stadt seit Generationen einen eigenartigen Reiz auf die Studienanfänger aus, und jedes Jahr im Herbst wiederholen sich dramatische Szenen, weil die von Graf Eberhard im Bart gegründete Universität zwar ein Drittel der Stadtbewohner als Studenten aufzunehmen vermag, die Stadt aber nicht 20000 junge Leute zu einem für sie akzeptablen Preis beherbergen kann.

Nur wenige Kilometer trennen das einst vorderösterreichische Rottenburg vom württembergischen Tübingen. An der Mentalität, so berichten die Landeskenner, könne man heute noch die Herkunft bestimmen. Die Rottenburger gelten als gemütlicher, behäbiger, gleichzeitig aber auch als lebensfroher als ihre Nachbarn aus Tübingen. Deutlich wird das etwa am Brauchtum der ehemals katholischen Stadt, die im evangelischen Württemberg eine Oase darstellte. Zur «Fasnetszeit» strömen alljährlich Tausende von Besuchern in eine andere Stadt am Neckar, die zusammen mit Rottenburg den Bereich Oberer Neckar absteckt und die vor allem durch ihr närrisches Treiben in der «fünften Jahreszeit» bekannt wurde: Rottweil. Dem Rottweiler Narrensprung am Fasnachtsmontag und -dienstag verdankt die älteste württembergische Stadt einen großen Teil ihrer Bekanntheit, aber auch der mittelalterliche Stadtkern macht die ehemalige freie Reichsstadt heute noch sehenswert. Hier, im südlichen Neckarland, lösen sich allmählich die Grenzen der benachbarten Naturräume Schönbuch, Albvorland und Baar auf.

Hohenlohe und Bauland: frank und frei

Zwischen dem Buntsandstein-Odenwald, der Jagst, dem Neckar und dem Hohenloher Land im Westen liegt die hügelige Muschelkalkhochfläche des Baulandes. Am Ostrand der wenig fruchtbaren Region hat sich die Tauber etwa 150 Meter tief in den Untergrund aus Muschelkalk eingeschnitten und durchfließt in großen Mäandern die stark zertalte Landschaft. Die als Taubergrund bezeichnete und vielbesungene fruchtbare Landschaft ist eine Gäufläche, auf die südlich der Jagst das Hohenloher Land folgt, das im Süden wiederum an die Keuperwaldberge des Mittleren Neckarraumes anschließt. So einheitlich sich diese Region auf dem Kartenbild präsentiert, so kleinkammerig und untergliedert ist die Landschaft tatsächlich. Verantwortlich dafür ist nicht nur die Auflage, die aus dem Untergrund mit den Gesteinspaketen der Triasformation und mit Lettenkeuper- oder Lößbedeckung verschiedene Landschaftsformen herausbildet. Auch die Zerschneidung der Platten durch die Flüsse Kocher, Jagst und Tauber teilt die Region in viele unterschiedliche Gebiete. Umgrenzt wird die Landschaft von den Ausläufern des hessischen Odenwaldes und den Wäldern des Spessarts im Norden und Westen, östlich schließt sich das bayerische Frankenland an.

Verträumte Naturschönheiten warten hier auf den Besucher. Viel Spektakuläres hat die Region nicht zu bieten, wohl aber beschauliche Ansichten und damit auch eine gute Voraussetzung für eine wirkliche Erholung von Streß und Hektik. Das Land zwischen Main und Neckar hält mit seinen Besonderheiten hinter dem Berg: es will erkundet werden, nicht nur durchreist entlang einer Route der größten Sehenswürdigkeiten. Das Koordinatennetz für die Erforschung bilden die Wasserläufe, die die ganze Region gleichmäßig verteilt durchziehen und seit Jahrhunderten auch die Leitlinien der Entwicklung in diesem Raum sind. Heute noch ist die Region bestimmt durch die agrarische Nutzung, auch wenn es einige Städtchen zu frühem Reichtum gebracht haben und sich nach Süden hin, zum Mittleren Neckarraum, die Wirtschaftskraft der benachbarten Region deutlich bemerkbar macht. Der östlichste und bekannteste der Flüsse ist die Tauber, die sich nach Norden hin dem Main zuwendet. Der 130 Kilometer lange Flußlauf wird als Tal der Kunst und des Weines bezeichnet. Nahe ihrem Ursprung, der Frankenhöhe an der bayerischen Landesgrenze, hat die junge Tauber noch reichlich überschüssige Kraft, um damit Mühlen anzutreiben, die das Korn der fruchtbaren Äcker der umgebenden Gäuplatten verarbeiten. Daß das Hohenlohische heute noch ein Gebiet ist, in dem die Landwirtschaft dominiert, das zeigen die traditionellen Märkte, auf denen das «Hummele», wie die respekteinflößenden Zuchtbullen verniedlichend genannt werden, ebenso unter den Hammer kommt wie das fette schwäbisch-hällische Schwein. Bekannte Namen zeugen von dem frühen Reichtum und der großen Bedeutung der Städte, die sich entlang dem Talverlauf wie an einer Perlenschnur aufreihen: Creglingen mit seinem Riemenschneider-Altar gehört ebenso dazu wie Bad Mergentheim, Lauda-Königshofen, Wertheim oder Tauberbischofsheim.

Verglichen wird das Hohenloher Land öfters auch mit den weinseligen Gefilden der Loire, allerdings nicht nur wegen des Rebensaftes. Erwartet man in der französischen Region auf jedem sanften Hügel ein Schloß vorzufinden, so wird man im Hohenlohischen feststellen können, daß überall auf den steil abfallenden Bergspornen feudalherrschaftliche Bauten stehen. Die ausgezeichnete Gastronomie, die sich hier im Laufe der Jahre entwickelt hat, beruht nicht zuletzt auf dem Weinbau. Und der gute Ruf des bekannten Bocksbeutel, der eigentlich mehr im fränkischen Nachbarland zuhause ist, gründet auch in ein paar Sorten, die im Badischen jenseits der «Bocksbeutelgrenze» erzeugt und abgefüllt werden. Im Weinland links und rechts der Mittleren Tauber wird der Rebensaft nur dort in die bauchigen Flaschen abgefüllt, wo früher von Karlsruhe aus regiert wurde. Im früheren Einflußbereich der württembergischen Könige wird der Wein aus der normalen runden Flasche ausgeschenkt. Denn das Abfüllen in Bocksbeutel ist ein von den Würzburger Fürstbischöfen verliehenes Privileg, das heute der Fränkische Weinbauernverband in Würzburg schützt und dem Winzer, auch bei gleicher Qualität, stets einen höheren Gewinn einbringt.

In Bad Mergentheim entspringen heilkräftige Bittersalzquellen, und die Bedeutung als Kurort löste hier die jahrhundertelange Stellung als Sitz des deutschen Ritterordens ab. Auch Eduard Mörike zählte zu den frühen Kurgästen dieses Ortes, dessen Umland noch heute zwischen Main- und Taubertal die Bezeichnung Madonnenländchen trägt. Die Bildstöcke mit den Madonnenbildern sind hier so häufig wie sonst nur in den ländlichen bayerischen Gegenden. Daß auch abseits der touristischen Schwerpunkte ein reger Fremdenverkehr herrscht, belegt die Tatsache, daß sich im Hauptort des Main-Tauber-Kreises gleich drei touristische Straßen kreuzen: die Romantische Straße, die Schwäbische Dichterstraße und die Schwäbische Weinstraße. Überregionale Beachtung hat diese Gegend in der jüngeren Vergangenheit wiederholt gefunden. Einmal durch den heftigen Widerstand, den Bauern und Naturschützer der geplanten Teststrecke von Daimler-Benz am Boxberg entgegensetzten. Geradezu Weltruhm aber hat die Stadt Tauberbischofsheim erlangt durch die deutsche Medaillenschmiede, die das hiesige Fechtzentrum mit seinen großen internationalen Erfolgen darstellt. Tauberbischofsheim, der Mittelpunkt des badischen Tauberlandes, ist auch Schnittpunkt alter Handelsstraßen.

Das Bauland, das den nördlichen Abschluß des Bundeslandes Baden-Württemberg bildet, hat von allen Nachbarregionen etwas für seine Entwicklung mitbekommen. Von den Gäulandschaften den trockenen, kalkigen Boden und aus dem nahen Odenwald die relativ ungünstigen Temperaturbedingungen, die nur im Süden besseren Verhältnissen für den Obstanbau weichen. Die Erträge auf den landwirtschaftlichen Nutzflächen sind demzufolge nicht übermäßig gut, und früher war es vor allem der Grünkern, der für die Menschen hier die Ernährungsgrundlage darstellte. Die milchreif geernteten Körner der Weizenart Dinkel wurden auf Darren hellbraun geröstet. In jüngerer Zeit nun ist er im Rahmen einer vollwertigen Ernährung wieder vermehrt angebaut worden. Heute noch bestimmt die Landwirtschaft das Bauland.

Nach Süden hin bildet die Kocher-Jagst-Ebene mit ihren zwei sie begrenzenden Flußlandschaften den Übergang zum Hohenloher Land. Die Jagst heißt althochdeutsch «die Jagende», und ihr Verlauf zwischen Wäldern und Wiesengründen läßt darauf schließen, daß hier schon früh ergiebige Waidgründe genutzt wurden. In Mäandern findet der Fluß seinen Weg zum Neckar, und nach Westen hin zeigt auch der Weinbau an, daß sich hier die klimatische Gunst des nahen Neckarbeckens auszuwirken beginnt. Das Herz des Hohenlohischen ist jedoch die Landschaft um die Mittlere Jagst, geschmückt mit schmucken Bauerndörfern und altehrwürdigen Residenzen, die anzeigen, daß die Wirtschaftsgrundlagen hier etwas besser sind als im benachbarten Norden. Landschaftlich wird das schöne Hügelland bestimmt durch den Dreiklang von Äckern, Weinland und Wäldern, die vor allem die Höhenzüge zieren. Weiter nach Süden hin wird die Nutzung der natürlichen Quellen intensiver. Im Tal der Kocher gibt es ungleich mehr Industrieansiedlungen, deren Vorläufer, die Manufakturen, die Wasserkraft früh zu nutzen begannen, und bei Schwäbisch Hall hat sich die Entwicklung in der Vergangenheit vor allem auf die reichen Salzvorkommen gestützt. Auch der Weinbau wird hier seit Jahrhunderten gepflegt, obwohl die kräftigen Kocherweine nur selten außerhalb des Württembergischen zu haben sind. Die Tallinien waren stets auch Leitlinien für die Stadtentwicklung, die Industrie und die Bevölkerungsverdichtung.

Nordschwarzwald
Mittlerer Schwarzwald

Seite 97:
In der Dorotheenhütte in Wolfach kann man den Glasbläsern nicht nur bei der Arbeit zusehen: eigens für die zahlreichen Besucher gibt es ein ganzjähriges «Weihnachtsdorf» mit Glasschmuck und einen Schmelzofen, an dem sich die Besucher selbst an dem uralten Kunsthandwerk versuchen dürfen.

Seite 98:
Korbwaren stapeln sich in Hausach zuhauf: vom Einkaufskorb bis zum geflochtenen Schaukelstuhl reicht die Palette der handgefertigten Produkte. Die Ähnlichkeit des schmucken Bad Herrenalber Museumsgebäudes mit einer Puppenstube ist nicht ganz unbeabsichtigt: in seinem Innern kann man einen Streifzug durch die Geschichte des Spielzeugs machen. Und «Kuckuck, Kuckuck» ruft's aus den zahlreichen Uhrenläden, die sich vor allem entlang der Straße von Hornberg nach Triberg dicht an dicht drängen. Die original Schwarzwälder Uhr ist trotz des Touristenrummels meist immer noch handgefertigt und ihre Herstellung ein wichtiger Erwerbszweig.

Seite 99:
Reizvolle Ausblicke gewähren die Ruinen des einstigen Klosters Hirsau, das jeden Sommer mit einer Reihe von Klosterkonzerten die Besucher in seinen Bann zieht.

Seite 100:
Rings um den Calwer Marktplatz sind die mittelalterlichen Fassaden der Hermann-Hesse-Stadt noch erhalten. Mit einem Museum gedenkt man des wohl berühmtesten Sohnes, den Calw hervorgebracht hat.

Seite 101:
Der Vogtsbauernhof im Gutacher Freilichtmuseum gilt als Sinnbild des Schwarzwald-Hofes schlechthin. Das tief heruntergezogene Strohdach, unter dem Mensch und Vieh hausten, schützt vor Wind und Wetter.
Ein deftiges Vesper gilt im Schwarzwald viel, auch wenn der Himmel nicht überall voll von Geräuchertem hängt und das Brot nicht immer aus dem Holzofen kommt…

Seiten 102/103:
Wasserkraft war im Schwarzwald von je her eine der Triebfedern für die Entwicklung. Heute sind die Frühwerke der Technik, wie hier die Hexenlochmühle, vor allem pittoreske Fotomotive.

Seite 104:
Er gilt als der größte und schönste Wasserfall Deutschlands: im Triberger Wasserfall stürzen sich die Wassermassen der Gutach über sieben Stufen in die Tiefe.

Seite 105:
Am Fuße des Brend breitet sich ein attraktives Wanderwegenetz aus, das die Anstrengungen eines Fußmarsches reichhaltig mit guten Aussichten belohnt. Hinterlassenschaften der Eiszeiten finden sich im riesigen Waldgebirge vielerorts. Der Glaswaldsee (unten) bei Bad Peterstal ist wohl eines der idyllischsten Zeugnisse aus der Erdgeschichte und gibt Anlaß zu zahlreichen Märchen und Sagen.

Seite 106:
Ruhe und Abgeschiedenheit findet man auch heute noch leicht im Schwarzwald – auch wenn man keine Hütte im Wald sein eigen nennen kann (oben links). Doppeltürme sind das Kennzeichen von St. Peter, das auf einer Hochfläche, umgeben von Wald und Wiesen, über dem Dreisamtal liegt. Und «sauwohl» fühlen kann man sich beim prächtigen Ausblick auf Feldberg und Kaiserstuhl. Und nach einem anstrengenden Marsch über die Höhen des Schwarzwalds im Glottertal lockt der «Goldene Engel» mit herzhaftem Vesper und einem Glottertäler Rotwein.

Seite 107 oben links und unten:
Die Narretei hat Tradition im Schwarzwald, und Nachwuchssorgen kennen die alten Zünfte nicht, wie etwa Villingen beweist, wo ein Brunnen an die «fünfte Jahreszeit» erinnert. Einmal im Jahr gibt sich auch der verschlossenste Wäldler närrisch und ausgelassen: dann schlüpfen die Männer ins «Häs» und treiben als Hexen drei tolle Tage lang Unfug.

Oben rechts:
Alle Facetten dörflichen Lebens sind auf dem originellen Brunnen vor dem Villinger Rathaus vertreten.

Seite 108 oben:
Der Orgelbau hat im Elztal-Städtchen Waldkirch eine lange Tradition und ist mit einer interessanten Ausstellung auch im Heimatmuseum vertreten.

Unten:
Beim Waldkircher Orgelfest kommen aus dem ganzen Land Drehorgel- und Leierkastenspieler mit ihren seltenen Instrumenten zusammen.

osefsplatz

Spielzeug-
Museum
Spielzeug-Museum

35.00

BETON
ASPHALT
KUNSTSTOFF
DIE GOLDENEN
KÄLBER
UNSERER ZEIT
DOPPELTE
NULLÖSUNG
NULLWACHSTUM
RATHAUS

A. Ruth & Sohn

ColorBilder
ColorGrußkarten

Kraichgau und Odenwald: Blütenträume und Wanderlust

Auch im nordwestlichen Teil des Landes Baden-Württemberg behält der Naturraum seine Vielgestaltigkeit und kleingliedrige Unterteilung. Zwischen der Oberrheinebene im Westen, der Landesgrenze im Norden und den flachen Platten von Bauland und Hohenloher Land im Osten herrscht hier ein Landschaftsbild, das vor allem durch Übergänge geprägt ist. Der Kraichgau und der Odenwald sind jeweils ein Zwischending von Formen, die eigentlich anderen Landschaftsregionen zugehören. Der Kraichgau ist eine sanfte Mulde, begrenzt von den nördlichen Ausläufern des Schwarzwaldes und dessen Fortsetzung, des Odenwaldes. Er bildet das Bindeglied von tiefgelegenem Oberrheingraben im Westen und den Gäuplatten im Osten. Er ist selbst ein Teil dieser Gäulandschaft, die bestimmt wird durch den fruchtbaren Untergrund der Muschelkalk- oder Keuperplatten mit einer Lößauflage, durch klimatische Gunst und offene, waldarme Landstriche, die überwiegend landwirtschaftlich genutzt werden. Wegen seines Gepräges einer Muldenlandschaft fehlen dem Kraichgau jedoch die typischen klaren Linien der gesteinsbedingten Formung durch Stufen. Ähnlich der Odenwald: eigentlich eine Fortsetzung des untergetauchten Buntsandstein-Schwarzwaldes im Süden, gliedert sich dieser Landschaftsteil in eine Vielzahl unterschiedlicher Regionen, deren Charakter durch die jeweilige Unterlage aus Buntsandstein oder kristallinem Material geprägt ist. Zu Baden-Württemberg gehört nur ein geringer Teil dieses Waldgebirges; weit mehr hat Hessen, ein wenig auch Bayern.

Zur Oberrheinebene hin abgegrenzt wird der Kraichgau durch eine deutliche Geländestufe; im Osten bildet das Neckartal, das selbst nicht mehr zum Kraichgau zählt, die Grenze. Im Norden und Süden schaffen Schwarzwald und Odenwald klare Gegensätze zu den sanften Formen der Gäulandschaft. Strom- und Heuchelberg bilden im Südosten einen Übergang zum Mittleren Neckarraum. Schon früh waren die fruchtbaren Lößflächen besiedelt, auch heute noch dominiert eine kleinbäuerliche Struktur den Raum, an dessen Grenzen erst die städtischen Zentren liegen. Karlsruhe, Pforzheim, der Heilbronner Raum und der Mittlere Neckarraum sind die Verdichtungszonen, in deren Spannungsfeld sich heute die Entwicklung der Region vollzieht.

Fürs Auge bietet der Kraichgau eine harmonische Vielfalt. Typisch für die überwiegend leicht wellige Landschaft sind eine ausgewogene Verteilung von Ackerflächen, Wiesen und Mischwald. Die tief in den Lehm gegrabenen Höhlen sind oft von Schlehengebüsch umrahmt, in dem zahlreiche Vogelarten Lebensraum gefunden haben. Überwiegt im mittleren Kraichgau noch der Ackerbau, so ist am westlichen Rand, an der südlichen Bergstraße, der Weinbau dominierend. Die fast schon mediterranen Klimabedingungen und der gute Boden bieten aber auch dem Feinschmeckergewächs Spargel beste Bedingungen. Von Bruchsal aus, heute eine der großen europäischen Spargelmetropolen, wird das exklusive Stangengewächs in alle Länder verteilt. Die dritte bedeutende Sonderkultur, mit der die Bauern ihre Standortvorteile im Kraichgau nutzen, ist der Tabak. Auch wer das Gewächs in der Natur nicht wiedererkennt, sieht an den zum Trocknen aufgehängten Bündeln, daß sich die Pflanze mit den hohen Klimaansprüchen hier zuhause fühlt.

Erlebte Naturgeschichte – das kann auch ein warmes Bad in historischen Thermen sein. Von der Zerstückelung des Untergrunds zeugen zahlreiche Heil- und Solquellen und Kurorte, wie Bad Wimpfen oder Bad Friedrichshall. Die Flachwelligkeit der Landschaft rührt unter anderem auch vom porösen Muschelkalk-Untergrund her, in dem Trockentäler das Bild bestimmen. Wo dem Muschelkalk die Lößdecke fehlt, ist der Untergrund kalkig, lehmig oder sandig – landwirtschaftlich auf jeden Fall nicht mehr so kostbar. Überall aber hat sich eine wärmeliebende Vegetation angesiedelt, die das günstige Beckenklima des Kraichgaus angelockt hat. Durchlöchert wie ein Schweizer Käse ist der kalkige Untergrund im Südosten des Kraichgauer Hügellandes: die Neulinger Platte weist mehr als 1000 Dolinen auf, auch wenn viele der Trichter oder schüsselartigen Vertiefungen längst zugeschüttet wurden.

Das liebliche Neckartal trennt die tektonische Mulde vom Odenwald, der allerdings jenseits des Flusses im «Kleinen Odenwald» noch einen Ableger hat. Jenseits des Neckars ist es der Hintere Odenwald, ebenfalls auf einer Unterlage aus Buntsandstein, der einen Ausläufer des bis aufs kristalline Grundgestein abgetragenen Zentrums des Odenwaldes im Hessischen darstellt. In vielerlei Hinsicht ist der baden-württembergische Teil des Odenwaldes ein kleiner Bruder des Schwarzwaldes im Süden, mit dem ihn mehr als nur die geologische Grundlage und Entstehungsgeschichte verbindet. Die Breite des Waldgebirges beträgt hier von West nach Ost nur etwa 45 Kilometer, die Länge in Nord-Süd-Richtung etwa 65 Kilometer. Die kargen Böden im südlichen Teil lassen, wie im Nordschwarzwald, nur den Bewuchs mit dunklen Kiefernforsten zu. Am Vorderen Odenwald auf kristallinem Grund hat das Land Baden-Württemberg nur einen geringen Anteil; er füllt die Ausbuchtung, die die Landesgrenze bei Heppenheim macht. Am 517 Meter hohen Aussichtsberg des Malchen präparierte die Natur im Laufe der Zeit ein Meer aus Felsblöcken aus diesem Untergrund heraus, zwischen den tonnenschweren Steinen hat sich Buchenwald angesiedelt.

Ein Bonbon hat Baden-Württemberg bei der Aufteilung des Waldgebirges zwischen Rheinebene und Spessart abbekommen: der höchste Punkt des Odenwaldes liegt mit dem 628 Meter hohen Katzenbuckel noch auf badischem Grund und Boden. Der Basalthärtling, die Schlotfüllung eines alttertiären Vulkans, widerstand der Abtragung besser als der umliegende Buntsandstein. Zwar erreichen mehr als ein halbes Dutzend Gipfel im Odenwald noch Höhen deutlich über 500 Meter, darunter auch das hessisch-badisch-bayerische Dreiländereck mit 545 Metern. Einige markante Aussichtspunkte bieten auch die Anhöhen nahe Heidelberg, wie zum Beispiel der 566 Meter hohe Königstuhl südlich der Stadt am Neckar, der noch zum Vorderen Odenwald zählt. Gemeinsam haben aber alle diese kleineren Gipfel, die vielfach auch Aussichtstürme tragen, einen prächtigen Ausblick, den sie dem Wanderer bei klarem Wetter je nach Standort bis über den Odenwald hinaus bieten: nach Westen und Norden in die Rhein- und die Mainebene, über den Kraichgau oder in den Spessart, manchmal sogar bis zum Taunus oder zum Pfälzer Wald.

Ein großes Revier für Wanderfreunde bietet das liebliche Neckartal. Dort, wo sich der Kleine Odenwald in den Bogen des Neckarlaufs hineinschmiegt, bietet sich dem Auge der reizvolle Wechsel von einem tief herabreichenden Waldkleid und romantischen Wiesentälern. Zwar fehlen hier die spektakulären Sehenswürdigkeiten, die großen Berggipfel oder wohlklingenden Namen bekannter Fremdenverkehrsorte, aber wer diesen Geheimtip ernst nimmt, wird mit dem Erlebnis einer großen landschaftlichen Vielfalt belohnt. Zahlreiche Burgen und Ruinen zeugen davon, daß das Neckartal schon früher eine große Bedeutung hatte. Auch diese Region ist durch zahlreiche Spazier- und Wanderwege gut erschlossen, denn der Odenwald ist hier Naherholungsgebiet für viele Ausflügler aus dem Ballungsraum Mannheim.

Oberrheinebene: zwischen Strom und Reben

Das Oberrheinische Tiefland erstreckt sich vom Dreiländereck Deutschlands, Frankreichs und der Schweiz im Süden am Knie des Hochrheins bis zur Landesgrenze bei Mannheim im Norden. Die etwa 300 Kilometer lange und durchschnittlich 35 bis 45 Kilometer breite Senke entstand im Alttertiär vor etwa 45 Millionen Jahren gleichzeitig mit dem Aufsteigen der Grabenschultern, den Randgebirgen Schwarzwald und Vogesen. Noch heute sind die tektonischen Vorgänge, die diesen Grabenbruch begleitet haben, wie Zerrungen und Brüche in der Erdkruste, nicht ganz abgeschlossen. Denn der Grabenbruch am Oberrhein ist nur Teil einer riesigen Schwächezone, die sich vom Mittelmeer bis nach Schweden hinzieht: die Mittelmeer-Mjösen-Zone. Beredtes Zeugnis der bewegten Geschichte dieser Region gibt der Kaiserstuhl, vulkanischer Überrest einer Eruption, die sich an der Kreuzung der Schwächezonen von Oberrhein und Dreisamtal ereignete, das bei Freiburg ins Tiefland mündet. Das vulkanische Gebilde hat freilich im Laufe der Jahrmillionen all seine Schrecken und seine Bedrohung verloren und gilt heute als liebliches Kleinod überquellender Buntheit und Fruchtbarkeit. Aber auch die Vorbergzonen, die sanften Übergänge der Rheinebene zu den Gebirgen des Schwarzwaldes und des Odenwaldes, dürfen als Gärten besondere Aufmerksamkeit beanspruchen. Im Süden bei Badenweiler sind es das Markgräfler Land, weiter nördlich bei Offenburg die Ortenau und nördlich von Heidelberg schließlich die Bergstraße, die alljährlich durch ihre frühe Apfel- oder Mandelblüte den Frühlingsbeginn für das ganze Land verkünden, wenn anderswo sich erst allmählich die Knospen zeigen.

Die heftigen tektonischen Ereignisse in den jüngsten Kapiteln der Erdgeschichte waren es auch, die die Oberflächenformen in der Tiefebene des Grabens mitgestaltet haben. Zerstückelt und zerbrochen ist die abgesunkene Scholle, die mit bis zu 3500 Meter mächtigen Ablagerungen aufgefüllt wurde, in die der Rhein sein Bett legte. Immer wieder hat das mächtige Gewässer seinen Lauf verändert, und dabei das Tiefland gegliedert: Rheinaue, Niederterrasse und Vorbergzone. Die Schotter der letzten Eiszeit, der Würm, bilden die Niederterrasse, die die ausgedehnten Ebenen aufbaut. Erst nach der Eiszeit wurde der fruchtbare Lößlehm aufgeschwemmt, dessen vom Wind ausgeblasene feinste Partikel dem Kaiserstuhl und der Vorbergzone ihre fruchtbare Grundlage gaben. Aber auch Sanddünen finden sich, die ebenfalls gegen Ende der letzten Eiszeit aufgeweht wurden. Zwischen den Erosionskanten, die sich der Rhein dann in die Niederterrasse eingeschnitten hatte, dem Hochgestade, floß der mächtige Strom in riesigen Mäandern und Flußschleifen, wobei er die Rheinaue regelmäßig überschwemmte und dabei eine amphibische Landschaft prägte.

Erst im 19. Jahrhundert, mit der Begradigung durch den badischen Flußbaumeister Tulla, wurde auch die Rheinaue relativ gefahrlos besiedelbar für den Menschen. Zwischen 1817 und 1876 wurde der Rhein, der vorher in zahlreiche Seitenarme aufgespalten war und in großen Schleifen mäandrierte, nach den Plänen des Wasserbauingenieurs und Obersten «rektifiziert», durch Deiche und Dämme auf ein Strombett festgelegt. Der Preis für diese Zähmung des Rheinstroms war eine Tieferlegung des

Grundwasserspiegels und das Verschwinden der zahlreichen Rheinseitenarme mit ihrer reichen Tier- und Pflanzenwelt.

Eine Urlandschaft, wie sie der heute gezähmte Rheinstrom noch vor nicht allzu langer Zeit hier schuf, kann man im Naturschutzgebiet Taubergießen erleben. Die im Sommer schnakengeplagten Sumpf- und Bachgebiete gehören zu den unberührt wirkenden Naturschönheiten im Südwesten. Urwaldähnliche Vegetation überwuchert das Gewässernetz von Grundwasseraustritten, den «Gießen», und toten Rheinseitenarmen. Die speziesreiche Tier- und Pflanzenwelt wirkt hier wie vergessenes Land im Dornröschenschlaf, und doch geht die Zeit nicht spurlos an ihr vorüber. Für Wasserwanderer sind die Bachverzweigungen ein idyllisches Paddelrevier, das sie behutsam auf vorgeschriebenen Pfaden erkunden dürfen. Und die Landwirte, die in der von jeher als Überschwemmungsgebiet gefährdeten Region durch Mähwiesen eine Unterstützung für ihren Betrieb suchen, haben den Zorn der Naturschützer auf sich gezogen.

Der Mantel aus meterhoch aufgewehtem Löß gibt der gestaffelten Vorbergzone und dem Kaiserstuhl heute sein farbenprächtiges Kleid, denn in Verbindung mit dem günstigen Klima der Tiefebene, dem Eindringen milder Luftmassen durch die Burgundische Pforte und der Lage im Regenschatten der Vogesen entfaltet die unscheinbare Unterlage aus mehlfeinem gepreßtem Staub ihre ganze Kraft. Nachdem der Mensch jahrhundertelang diese Gunst als gottgegebenen Vorteil hingenommen hatte, entwickelten die Betreiber der Flurbereinigung in den siebziger Jahren den Ehrgeiz, das kleinparzellierte, qualitativ hochwertige Weinbaugebiet am Kaiserstuhl maschinengerechter, großzügiger zu gestalten, um die mühselige Arbeit für die Sonderkulturen effizienter zu machen. Riesige Rebterrassen verunzieren seitdem große Teile der klassischen Weinbaulandschaft. Die Natur rächte sich mit Hangabrutschungen und Qualitätsverschlechterungen beim erzeugten Rebensaft. Die Terrassenlandschaft, die man am besten von der Mondhalde bei Oberrotweil im Herzen des Kaiserstuhls überblickt, hat heute viel von ihrem Charme verloren, und künftige Verbesserungen der Agrarstruktur haben in dieser Arbeit für lange Zeit ein Negativbeispiel vor Augen, das sich sicher nicht so schnell wiederholen wird.

Gelitten unter der intensiven Nutzung des Agrarraumes hat auch die übergroße Artenvielfalt der Tier- und Pflanzenwelt, die aber immer noch zahlreiche Naturfreunde anlockt. Geschützte Orchideen sind hier ebenso zu finden wie seltene Steppenpflanzen; mit etwas Glück kann man auch die Smaragdeidechse, eine Schlingnatter oder eine Gottesanbeterin in ihrer natürlichen Umgebung beobachten. Die einst so typischen Hohlwege, die sich metertief in den Löß eingeschnitten haben, konnten an vielen Stellen erhalten werden, und im Liliental zeugen vielerlei südländische Pflanzenarten von der besonderen Klimagunst dieses Standortes. Ein ähnliches Refugium für verschiedenste trockenliebende Pflanzen ist auch der Isteiner Klotz. Der Felsklotz aus Kalkstein liegt als Vorberg des Schwarzwaldes wie eine Insel im Südwesten, da wo der Rhein so nahe an den Gebirgsrand heranrückt, daß gerade noch Raum für Schiene und Straße unterhalb des ehemaligen Festungsstandortes blieb. Am reizvollsten präsentiert sich diese Weinbaulandschaft, ebenso wie die Ortenau oder das Markgräflerland, mit ihren schmucken Häusern im Frühling und im Spätsommer. Dann steigen die Temperaturen nicht über das für den Wanderer noch erträgliche Maß, die Vegetation enthüllt ihre ganze Farbenpracht und die Erzeugnisse der Region lassen sich an vielen Orten erntefrisch verkosten.

Bekannter noch als die südlichen Gärten des Oberrheins ist die Bergstraße bei Weinheim nördlich der badischen Metropole Karlsruhe und des sanften Übergangs zum Kraichgau. Neben seiner seltenen zugewanderten Steppenflora findet sich auch eine Reihe vom Menschen kultivierter Pflanzen, die anderswo in unseren Breitengraden kaum eine Chance zum Überleben hätten: Pfirsiche und Aprikosen gedeihen hier ebenso gut wie in ihrer südlichen Heimat, Mandelbäume und Feigen sind keine Seltenheit. Am Fuße des Odenwaldes, der Fortsetzung des Schwarzwaldes nach dessen Abtauchen unter den Kraichgau, ist die Vegetation immer wenige Tage voraus, und die Fernsehanstalten verkünden mit Bildern aus dieser Region alljährlich das Herannahen der warmen Jahreszeit. Eine besondere Attraktivität genießt Weinheim an der Bergstraße nicht nur wegen seines vorzüglichen Weins, sondern auch wegen des exotischen Walds und zahlreicher Wanderrouten, die hier ihren Ausgang nehmen. Unweit dieses Naturparadieses am Rand des Oberrheingrabens findet sich inmitten der Rheinebene eine Insel, deren natürlicher Reichtum Genüsse kulinarischer Art parat hält: Bei Schwetzingen lockt nicht nur ein riesiger Schloßpark ungezählte Besucher an. Der Schloßgarten mit seinen Tempeln, Grotten und sogar einer Moschee zählt zu den schönsten Gartenanlagen aus der Zeit des Barock und des Rokoko. Aber auch die im Frühjahr in großer Zahl geernteten Spargeln lassen so manchen Feinschmecker den Weg hierher finden.

Früh erkannt haben die Gunst dieser Region auch die Römer, die sich bei Neuenheim ansiedelten. Und am südlichen Neckarufer bauten die Pfälzer Kurfürsten dann den Ort aus, der heute noch sowohl von der Kreuzung der Verkehrswege Rhein und Neckar als auch von der klimatischen Gunst der Bergstraße profitiert: Heidelberg. Die Silhouette von Stadt und Schloß an den Gestaden des Neckars, der nach seinem kurvenreichen Lauf durch romantische Odenwaldtäler hier zielstrebig auf den Rhein zuhält, hat die Universitätsstadt weit über die Landesgrenzen hinaus bekannt gemacht, und ein Besuch des Schlosses ist fast ebenso obligatorisch wie der Blick in das legendäre riesige Weinfaß, das mit seinem Fassungsvermögen von 220000 Litern immerhin das zweitgrößte der Bundesrepublik ist.

Schwarzwald: der Natur auf der Spur

Oh Schwarzwald, oh Heimat – der Stoßseufzer romantischer oder erholungssuchender Seelen geriet ob der Gefährdung des Waldes in den vergangenen Jahren mehr und mehr zum Klageruf. Das Waldgebiet im Südwesten Baden-Württembergs gilt als der Inbegriff eines schon fast bilderbuchmäßigen Waldgebirges. Und Waldsterben hin oder her: auch außerhalb des «Ländles» ist dieser Landschaftsname verbunden mit einem Heimatgefühl, das ihn zum Maßstab aller Sehenswürdigkeiten im noch so fernen Ausland werden läßt. «Fast so schön wie unser Schwarzwald», dieser Ausspruch deutscher Touristen im Ausland hat sicher schon so manchen Fremdenführer resignieren lassen. Das dichte Kleid aus Tannen und Fichten war jahrhundertelang Anlaß für die Bildung zahlreicher Sagen und Märchen, die heute noch lebendig sind. Der Mummelsee, die Schwarzwaldhochstraße oder der Feldberg, das sind Begriffe, mit denen viele Urlaubsheimkehrer aus dem südwestlichen Waldgebiet nicht nur die Erinnerung an Sehenswürdigkeiten verbinden, sondern auch schöne Gedanken an erlebte Natur. Abseits von den Brennpunkten des Tourismus bietet das rund 160 Kilometer in Nord-Süd-Richtung verlaufende Waldgebirge oftmals noch eine Landschaft von fast unberührter Schönheit. Das wohl am besten erschlossene deutsche Feriengebiet erstreckt sich zwischen der Oberrheinebene im Westen, dem Klettgau und der Baar im Osten, dem Hochrhein im Süden und dem Kraichgau im Norden. Es bietet abseits der großen touristischen Straßen, wie der Schwarzwald-Tälerstraße oder der Schwarzwald-Bäderstraße, auch Einblicke in die Ergebnisse Millionen Jahre währender Erdgeschichte, die in dieser Art kaum irgendwo sonst erlebbar sind.

Als markanter Höhenzug entstand der Schwarzwald durch eine Heraushebung, die im Zusammenhang mit dem Einbruch des Oberrheingrabens im Tertiär erfolgte. Wie sein Schwestergebirge, die am westlichen Rand des Oberrheingrabens gelegenen Vogesen, fällt er relativ steil zur Rheinebene ab, mit der ihn auf weiten Strecken eine liebliche Vorbergzone verbindet. Hier, wo sich die landschaftlichen Reize des noch jungen Gebirges verbinden mit der klimatischen Gunst der Ebene, entstand ein Garten, dessen Fülle in Frühjahr, Sommer und Herbst die Sinne betört. Große Obstbaugebiete (wer kennt nicht die Bühler Zwetschgen) wechseln sich ab mit sanften Rebterrassen, die sich weit in die klimatisch begünstigten Tallandschaften hineinziehen. Erst in den mittleren Höhen beginnt das Waldkleid, das dem Schwarzwald seinen Namen gab, wobei im Süden der reizvolle Wechsel zwischen offenen Flächen und geschlossenen Waldgebieten noch für viel Abwechslung sorgt.

Auf den Höhen verdichtet sich das Kleid aus Nadelforsten und bricht nur ab und zu auf, meist dort, wo der Mensch in früheren Jahrhunderten durch allzu intensive Beweidung den typischen Bewuchs zerstörte. Von seinen höchsten Punkten im Süden, wie Feldberg oder Belchen, gestattet der Schwarzwald ein Panorama, das seinesgleichen nicht wiederfindet: von den Ausläufern der nahen Schwäbischen Alb im Osten gleitet der Blick an klaren Tagen über die schneebedeckte Alpenkette im Süden bis hin zu den jenseits des Rheins liegenden Vogesen im benachbarten Elsaß. Zu einem einzigartigen Erlebnis wird dieses Panorama, wenn man im Herbst, nach langen, trüben Tagen einer

Inversionswetterlage, auftaucht aus dem Nebel des Rheintals. Dann ist die Luft so klar, daß man meint die Ergebnisse der jüngeren Erdgeschichte mit den Händen greifen zu können.

Der südliche Teil des Schwarzwaldes weist die größeren Höhen auf und ist landschaftlich aufgelockert durch runde Bergkuppen und viele offene Weideflächen.

Verschlossener gibt sich dagegen der mittlere und nördliche Teil des Waldgebirges. Hier verhüllt sich der Schwarzwald mit dem dichtesten Waldkleid, das es in deutschen Landen noch gibt. Die Höhen sind im Norden nicht mehr sanft gerundete Granitkuppen, sondern hier hat die Unterlage aus rötlichem Buntsandstein eher Hochflächen ausgebildet, in die sich die Täler tief und V-förmig eingeschnitten haben. Dem Hebungszentrum des Südens, dem Feldberg (1494 Meter), entspricht im nördlichen Teil als ebenfalls höchster Punkt die Hornisgrinde mit ihren 1164 Metern.

Einen einzigartigen landschaftlichen Formenschatz hat die Verbindung von großer Höhe und exponierter Lage für die regenbringenden Westwinde hervorgebracht. Vier Eiszeiten gingen über die Höhen des Schwarzwalds hinweg und bedeckten bis noch vor 10000 Jahren den Feldberg, von wo sich gewaltige Eismassen allmählich in die Täler vorschoben. Hinterlassen hat der Eispanzer aus dem Quartär statt schroffer Gipfel glattgehobelte runde Kuppen und eine Vielzahl von Kleinformen, die heute noch einen eigenartigen Reiz auf die Besucher des Schwarzwaldes ausüben. In den Karen zum Beispiel, kleinen, an den Nordostseiten der Berge liegenden Nischen, sammelte sich in den Kaltzeiten Firn und Eis, bis das verdichtete Material zähplastisch als Gletscher zu Tale floß. Selbst da, wo solche Ansammlungen nie ausreichten, um einen Eisfluß ins Tal zu senden, entstanden durch die Kraft von Wasser und Eis kreisrunde Sammelbecken, in denen heute meist ruhig gelegene, mystisch wirkende Karseen liegen. Der Mummelsee, direkt an der Schwarzwaldhochstraße und am Fuße der Hornisgrinde gelegen, ist ein Beispiel für einen solchen gut erhaltenen Karsee. Viel reizvoller, weil verborgener und damit auch abseits der Touristenströme, sind dagegen der Feldsee am Fuße des «Höchsten», der Wildsee oder der Glaswaldsee. Sieben gut erhaltene Karseen sind über den Schwarzwald verteilt, wo die reichlichen Niederschlagsmengen für den Erhalt der Seen sorgen. Auf den feuchten und exponierten Anhöhen des Buntsandstein-Nord-Schwarzwaldes findet man bei Kaltenbronn am Wildsee auch das größte Hochmoor Deutschlands, und in der Nachbarschaft, am Hohlohsee, gleich eine weitere dieser geheimnisvollen schwarzen Torflandschaften.

Was die Besucher zu allen Jahreszeiten fasziniert, sind aber nicht nur die natürlichen Schönheiten, die das Waldgebirge zu bieten hat. Denn der Einfluß des Menschen macht sich nicht nur in breiten Straßen und einem immer dichter werdenden Siedlungsband bemerkbar. Seit Jahrhunderten prägen die Menschen, die hier siedeln und wirtschaften, die Landschaft. Wiese, Weide und Wald – das sind auch die drei Hauptelemente des Schwarzwälder Bauerntums. Weil der Ackerbau nur an wenigen Stellen, meist in den Tälern oder an den Übergängen zu den fruchtbareren Gäuplatten, wirtschaftlich ist, haben die Viehzucht und die Milchwirtschaft einen besonderen Stellenwert. Vor allem im südlichen Hochschwarzwald dominieren die großen Einzelhöfe das Landschaftsbild: riesige Bauernhäuser mit weit heruntergezogenem Dach, vor den kräftigen Winden oft noch geschützt durch große Bäume.

In vorbildlicher Weise erhalten sind solche Hofgüter noch im Schwarzwaldmuseum Vogtsbauernhof im Gutachtal. Die strohgedeckten Holzhäuser sind harmonisch in die Landschaft eingefügt und in ihrem Inneren originalgetreu ausgestattet. Vorführungen geben ein Bild davon, wie hier früher gelebt und gewirtschaftet wurde. Alte Handwerkstechniken werden hier ebenso gezeigt wie die originalen Trachten, die auch heute noch sonntags zum Kirchgang angelegt werden. Mit ihrer stilechten Einrichtung wirken die Höfe, als hätte der Bauer nur einmal eben kurz die Stube verlassen. Doch der Reichtum, den die prächtigen Häuser des Museums vor Augen führen, täuscht: nur wenige hatten mit der Landwirtschaft ihr Auskommen. Fast in allen Schwarzwaldtälern entwickelten sich Handwerkstechniken, mit denen man für ein Zubrot sorgte und die später eine gute Grundlage waren für die Entwicklung von Gewerbe und Industrie. Die Hersteller der Schwarzwälder Bilderuhren oder der Kuckucksuhren aus Holz sind dafür ebenso ein Beispiel wie die weniger bekannten Schindler und Köhler, die in ihren Kohlenmeilern Holz zu Holzkohle verarbeiteten für die ersten Glashütten. Zwischen Hornberg und Triberg, wo die moderne Uhrentechnik schon für viele Herstellerbetriebe das Aus bedeutete, gibt es eine Kette riesiger Uhrengeschäfte, in denen Kuckucksuhren in allen Variationen zu haben sind. Die Landwirte suchen sich beruflich meistens ein zweites Standbein in einer anderen Branche, viele betreiben die Landwirtschaft nur noch im Nebenerwerb oder geben sie ganz auf. Dafür gewinnt der Fremdenverkehr zunehmend an Bedeutung. Zwischen Pforzheim und Freudenstadt im nördlichen Teil des Schwarzwaldes sind die wirtschaftlichen Rahmenbedingungen seit je anders. Die Hofgüter waren kleiner und oftmals sorgte das Realerbteilungsrecht dafür, daß eine ständige Aufteilung der landwirtschaftlichen Flächen zunehmend Kleinstbetriebe hervorbrachte, für die das Überleben immer schwieriger wurde. Nur selten sind die typischen Waldhufendörfer erhalten geblieben, in denen die Höfe entlang der Durchgangsstraße wie Perlen an einer Schnur aufgereiht sind. Senkrecht zu dieser Verkehrsachse gehen hinter den Häusern oft handtuchschmale Grundstücke bis an den nahen Waldrand. Hier, im Norden des Schwarzwaldes, hat der Fremdenverkehr schon früh eine bedeutende Rolle zu spielen begonnen: Badeorte mit Thermalquellen wie Baden-Baden oder Wildbad lockten die Gäste an, und sie haben nach wie vor eine enorme Anziehungskraft. Der nahe Ballungsraum Stuttgart machte den Nördlichen Schwarzwald bald zu einem wichtigen Naherholungsgebiet, und mit dem Bau der Schwarzwaldhochstraße zwischen Baden-Baden und Freudenstadt wurde der touristischen Entwicklung ein wichtiger Impuls gegeben. Stetig geringer wurde im Laufe der Geschichte dagegen die Bedeutung der Klöster, die den Schwarzwald erschlossen und seine Besiedlung in weiten Teilen beherrscht hatten. Heute sind die Klöster von St. Blasien und St. Trudpert, von St. Peter und St. Märgen in erster Linie in touristischer Hinsicht für die Region von Bedeutung. Eine Ausnahme ist das Kloster Alpirsbach nahe Freudenstadt, wo die klösterliche Bierbrauerei noch heute ihren Gerstensaft produziert.

Profitiert haben hier, wie in anderen Landschaften auch, seit jeher vor allem jene Räume, die an der Grenze zweier unterschiedlicher Regionen an dem wirtschaftlichen und kulturellen Austausch teilhaben konnten. Das sind neben der Vorbergzone am Westabfall zur Rheinebene hin vor allem die Tallandschaften des Waldgebirges. Egal, ob im Enztal von Pforzheim aus, im landschaftlich besonders reizvollen Murgtal zwischen Freudenstadt und Rastatt oder im Dreisamtal zwischen Freiburg und dem Hochschwarzwald: Handel und Verkehr brachten hier kleine Städtchen zum Aufblühen und setzten Signale für eine rasche Entwicklung. Andere Täler, wie Wiesental und Renchtal, brachten es zwar nicht zu größerer regionaler Bedeutung, sind aber heute noch wichtige Anziehungspunkte und Zentren für ihre ländlich geprägte Umgebung.

Einzelne Natursehenswürdigkeiten des Schwarzwaldes aufzuzählen erscheint müßig: jeder Zipfel des Landes hat seine eigenen sehenswerten Idyllen und reizvollen Eigenheiten. Die größten Anziehungspunkte mit den spektakulärsten Naturwundern liegen aber sicher im Hochschwarzwald, dem südlichen Teil des Waldgebirges, dessen Markenzeichen der Feldberg ist. «Der Höchste» ist mit seinen 1494 Metern nicht nur ein grandioser Aussichtspunkt, sondern auch ein touristisches Mekka. Ski- und Sessellifte erschließen den kahlen Gipfel, an dessen Fuß der kreisrunde Feldsee zu geruhsamer Rast einlädt. Auch der Schauinsland und der Belchen können als besonders attraktive Aussichtsgipfel gelten, die jedoch auch das Schicksal des Höchsten teilen: sie sind an Sonn- und Feiertagen meist hoffnungslos überlaufen. Zum Schutz des Belchen haben die Verantwortlichen bereits die Notbremse gezogen und eine sonntägliche Sperrung für den Individualverkehr verhängt; dem Feldberg und einer Reihe weiterer Schwarzwaldgipfel drohen ähnliche Einschränkungen, wenn ihre Schönheit auch kommenden Generationen erhalten bleiben soll.

Auch stille Wasser bergen die Reize der Schwarzwaldlandschaft, wenngleich der Rummel an den Ufern der sehenswerten Gewässer zu Spitzenzeiten nur wenig Platz für romantische Betrachtungen läßt. Titisee und Schluchsee sind die Attraktionen jeder Schwarzwaldrundfahrt; wer dramatische Szenerien liebt, wird eher von den großen Schluchten angezogen, die die zum Rhein abfließenden Flüsse ins Gebirge geschnitten haben. Die Wutachschlucht, die nur zu Fuß erlebt werden kann, ist ein Naturparadies, das kein Wanderer so schnell vergessen wird. Aber auch weniger bekannte Talungen, wie die Ravennaschlucht und Gauchachschlucht, bieten atemberaubende Felsenwege.

Geruhsamer geht es abseits der touristischen Brennpunkte im Mittleren und Nördlichen Schwarzwald zu. Die nicht ganz so dramatische Landschaft ist um nichts weniger typisch und liebenswert, hält ihre Reize aber etwas im Verborgenen. Im Mittleren Schwarzwald zwischen dem Dreisamtal bei Freiburg und dem Kinzigtal bei Offenburg sind es die lieblichen Tallandschaften des Glottertales und des Simonswälder Tales, die die klimatische Gunst der Ebene mit dem typischen Landschaftsbild des Schwarzwaldes vereinen. Die Hochflächen über Freiburg mit den Klosterorten von St. Peter und St. Märgen bieten ein Panorama, das vom Feldberg über den Kaiserstuhl und das Zartener Becken bis zu den Vogesen reicht. Die niedrigeren Schwarzwaldgipfel des Kandel und des Brend, des Brandenkopfs und des Rohrhardsbergs bieten dem Wanderer für wenige Schweißtropfen weitreichende Ausblicke. Daß die Kräfte der Natur hier nicht weniger verschwenderisch hausten und ebenso drastische Einschnitte schufen wie im Süden, zeigen die Zweribachwasserfälle und der größte und bekannteste deutsche Wasserfall, jener bei Triberg.

Zwischen Pforzheim und Offenburg ist der Schwarzwald noch so, wie man sich ihn dem Namen nach vorstellt: schwarz und finster, denn das Kleid der Nadelbäume ist hier dichter als irgendwo sonst. Schon früh wurde durch die Schwarzwaldhochstraße die Kammlinie des Gebirges erschlossen. Hornisgrinde und Mummelsee, Badener Höhe und Kniebis sind Stationen einer Panoramafahrt zwischen Baden-Baden und Freudenstadt, die täglich von unzähligen Schwarzwaldbesuchern passiert werden. Beschaulicher wird es weiter im Inneren des Waldgebirges: das Murgtal zum Beispiel bietet zahlreiche Stationen an, von denen man die teils ruhige, teils spektakuläre Tallandschaft erwandern kann. Und der Wildsee bei Kaltenbronn als größtes deutsches Hochmoor hat sogar bei Regenwetter ungeheure Anziehungskraft: auf nassen Holzbohlen kann man den Schilfgürtel des Moors umrunden, das von den Niederschlägen gespeist wird und sich eine seltene Tier- und Pflanzenwelt erhalten hat.

Pforte zum Schwarzwald ist, vor allem für die Besucher aus dem Großraum Stuttgart, die Gold- und Uhrenstadt Pforzheim, wo die Schmuckverarbeitung eine lange Geschichte hat. Die Perlen des Nordschwarzwaldes liegen für viele Erholungssuchende aber in den Badeorten, die aus den Thermalquellen Kapital schlagen. In Wildbad und dem mondänen Baden-Baden kann man sich nach langen Ausflugs- und Wandertagen im heißen Wasser von allen Anstrengungen erholen, bevor man sich den Genüssen der schwäbischen oder badischen Küche hingibt. Für sportliche Naturen aber ist der nördliche Zipfel des Waldgebirges vor allem als Ausgangspunkt mehrtägiger Schwarzwaldwanderungen interessant. In Pforzheim zum Beispiel beginnt der Westweg, der die Wanderer in wohldosierten Tagestouren quer durch das Waldgebirge, über die höchsten Höhen und durch die dichtesten Wälder, an den Südzipfel des Schwarzwaldes nach Basel bringt. Aber auch von vielen anderen Ausgangspunkten aus lassen sich im dichten Wanderwegenetz des Schwarzwaldvereins Routen zusammenstellen, an denen viele Sehenswürdigkeiten liegen.

Bodensee und Oberschwaben: von Eiszeiten geprägt

Zwischen Donau und Bodensee bildet die Region Oberschwaben den harmonischen Ausgleich zur schroffen Kargheit der Alpenkette, die an klaren Tagen alles überragend am Horizont emporsticht. Keine Kulisse könnte den Kontrast zur sanft gewellten, fruchtbaren Landschaft am «Schwäbischen Meer» besser darstellen als die rauhe, gebirgige Steinwelt der Alpenkette, deren Gipfel auch im Sommer schneebedeckt sind. Den «Garten Gottes» nennen die Liebhaber dieser Landschaft das Bodenseeufer, dessen mildes und ausgeglichenes Klima Obst und Gemüse früher reifen läßt als anderswo und sogar den Hopfenanbau ermöglicht. Konzentriert ist die ganze Buntheit und Fruchtbarkeit dieser Gegend tatsächlich auf die Gestade des Bodensees: die Mainau als Blumeninsel ist in ihrer Farbenprächtigkeit kaum zu überbieten, nur wenig davon entfernt stellt die Reichenau das gemüsebewachsene Pendant dar. Längst haben auch die Menschen, die in den Ballungsräumen leben, die Vorzüge dieser Landschaft erkannt, und seit die Autobahn die Landeshauptstadt Stuttgart in einer guten Autostunde mit der Bodenseeregion verbindet, sprießen die Zweit- und Ferienwohnungen rund um den See, ebenso wie immer neue Anlegestellen die Gefährte der Freizeitkapitäne aufnehmen. Aber auch abseits des großen Anziehungspunktes Bodensee hat Oberschwaben Attraktionen, die eine eigene Faszination ausüben: die Ausläufer der nahen Alpen zum Beispiel oder die zahlreichen Moore und Sümpfe im Hinterland des Sees, der Österreich und die Schweiz mit der Bundesrepublik verbindet.

Der südliche Grenzsaum des Landes Baden-Württemberg erstreckt sich alpenwärts leicht ansteigend im Einzugsgebiet der jungen Donau und des Rheins zwischen Schwäbischer Alb und Schweizer Jura. Begrenzt wir diese Region durch das nördliche Bodenseeufer im Süden, den Randen im Westen, die Donau im Norden und die Iller im Osten. Auf Höhen von durchschnittlich etwa 600 Metern liegen hier das ländliche Oberschwaben, das württembergische Allgäu, der hügelige Linzgau und der vulkanisch geprägte Hegau. Landschaftlicher Höhepunkt aber ist unbestritten der Uferstreifen des Bodensees. Den letzten Schliff im eigentlichen Sinne des Wortes hat diese Landschaft während der Eiszeit erhalten, die vor rund 10000 Jahren ihr Ende fand. Wo im Tertiär noch die Wassermassen eines Molassemeeres ihre Sedimente ablagerten, dehnten sich im Quartär während der Kaltzeiten riesige Eismassen aus, die sich von den Höhen der Alpengipfel nordwärts erstreckten. In verschiedenen Vorstößen, die von den Klimaschwankungen diktiert wurden, bedeckten sie das Voralpengebiet mit alpinem Gletschergeröll, das heute noch in der Form großer, walfischartiger Rücken, den Drumlins, oder von Moränenhügeln vorhanden ist.

Die Altmoränenböden Oberschwabens sind stärker ausgewaschen und tiefer entkalkt als das Jungmoränenland nördlich des Bodensees, das erst während der letzten der vier Kaltzeiten vom Eis überfahren wurde. Hier ist die Landschaftsoberfläche noch abwechslungsreicher, es finden sich flache Talwannen und Tobel, da diese Region nicht mehr von späteren Eisschüben überfahren wurde. In dem von den Kaltzeiten geprägten Gebieten sind zahlreiche Moore gut erhalten, viele relativ unberührte Gebiete wurden als Naturschutzgebiete ausgewiesen. Zeugen aus dieser Periode der Erdge-

Bildkommentare
Hochschwarzwald und Hochrhein

Seite 121:
Einer der idyllischsten Plätze von Freiburg, dem städtischen Zentrum Südbadens, erstreckt sich rings um Oberlinden mit dem Schwabentor. Dort können unaufmerksame Touristen auch leicht in die «Bächle» stolpern, die Freiburg fast berühmter gemacht haben als das Münster.

Seite 122:
Weit ins Land schallt der Ruhm des Freiburger Münsters, dessen filigrane Spitze im 19. Jahrhundert vom weitgereisten Historiker Jakob Burckhardt als «schönster Turm der Christenheit» gelobt wurde. Himmlische Skulpturen und dämonische Wasserspeier fallen an den Außenfassaden des in Jahrhunderten erbauten Münsters besonders auf. Mittelalterliche Steinmetzkunst in Vollendung kann im Portalbogenfeld in der Münstervorhalle bewundert werden. Vollkommen ins Sonnenlicht gerät die Geschichte Christi nur abends zu Zeiten der Sommersonnenwende: kalkulierte Wirkung in Stein. – Gleich gegenüber dem Münster bildet das historische Kaufhaus den optischen Kontrast zum 116 Meter hohen Turm, dessen Besteigung wegen des umfassenden Rundblicks zum Höhepunkt jeden Freiburg-Besuchs wird.

Seite 123:
Kopfzerbrechen ist Alltag in der Freiburger Universität, die zusammen mit jenen von Heidelberg und Tübingen die geisteswissenschaftliche Tradition Baden-Württembergs begründet hat. Ob Sokrates vor dem Kollegiengebäude I über Numerus clausus und akademische Berufsaussichten grübelt? Auf dem Markt rund ums Freiburger Münster herrscht eine südliche Atmosphäre, so daß mancher Besucher der Zähringerstadt sich nach Norditalien oder in die Provence versetzt fühlt. Nach dem Einkauf schmeckt den «Bobbele» und «Tourischde» ein «Viertele beim Schwätzle».

Seiten 124/125:
Hochgefühle im Hochschwarzwald. Dieses größte und waldreichste deutsche Mittelgebirge weist stille Winkel auf, in die sich nur wenige «Luftschnapper» verirren. Doch bekannter sind seine touristischen Brennpunkte, die sich an den Wochenenden und in der Hauptsaison sommers wie winters voll im Ausflügler- und Urlaubergriff befinden. Der Titisee und der Schluchsee – die größten Schwarzwaldgewässer – haben sich zu Tummelplätzen für Wassersportler entwickelt, und auf den Loipen und Pisten des Feldbergs geht es wegen des Andrangs manchmal nur zähflüssig voran. Doch dann, nur wenige Schritte abseits, zeigen sich die höchsten Schwarzwaldgipfel trotz Umweltschäden in ihrer ganzen Natürlichkeit: friedliche Stätten, die zum Schwärmen verführen. Vor allem dann, wenn bei Inversion die Alpenkette mit Mönch, Eiger, Jungfrau und Mont Blanc wie eine Fata Morgana am Horizont auftaucht.

Seiten 126/127:
Gut behütet zu sein war und ist für die Bewohner des klimatisch rauhen Hochschwarzwalds eine Notwendigkeit. Und so haben sie – wie hier im reizvollen Münstertal zwischen Staufen und Belchen – ihre Höfe und Häuser mit einem tief herabgezogenen Dach gegen die Unbilden der Witterung abgeschottet.

Seite 128:
Die lichtdurchflutete Riesenkuppel des Klosters St. Blasien, die sich die Dimensionen der römischen Peterskirche zum Vorbild nahm, kann auch als Ausdruck einstiger klösterlicher Macht interpretiert werden, gegen die sich die Hotzenwaldbauern, die Salpeterer, kämpferisch zur Wehr setzten.

Seite 129:
Der Belchen, mit 1414 Metern nach dem Feldberg (1493 Meter) und dem Herzogenhorn (1415) der dritthöchste Gipfel des Schwarzwalds und damit Baden-Württembergs, ist der weitaus schönste Aussichtsberg außerhalb der Alpen. Dieses Urteil wird bestätigt fühlen, wer im Herbst hier oben einmal einen Sonnenauf- oder -untergang erlebt hat. Daß dem Belchen immer wieder eine mystisch-geheimnisvolle Wirkung und Kraft nachgesagt wurde, ist angesichts des berauschenden Panoramas kein Wunder.

Seite 130:
Das Stadtbild von Laufenburg beherrscht das hier steile Hochrheinufer. Seine Schweizer Schwesterstadt mit dem gleichen Namen liegt jenseits der Steinbrücke, nur einen Steinwurf entfernt, und die Dachlandschaften von beiden historischen Orten bilden einen der reizvollsten Anblicke am Hochrhein.

Seite 131 oben:
Waldshut am Hochrhein: Schweizer Atmosphäre prägt das Stadtbild – schließlich liegt der Schweizer Nachbar ja auch nicht weit entfernt. Wenn allsommerlich zur «Chilbi» getrommelt wird, kommen Zigtausende von Besuchern ins historische Zentrum, um die im Fahnenschmuck prächtig anzusehenden Fassaden und die Trachtengruppen aus Südbaden und der Nordschweiz zu bewundern.

Unten:
Hast du Töne: Der Trompeter von Säckingen hat für den guten Ruf des Badeorts am Hochrhein gesorgt, der ansonsten für die längste gedeckte Holzbrücke Europas berühmt ist.

Seite 132:
Hoher Himmel über dem Hotzenwald. Dieser stille, mal wilde, dann wieder sanfte Südabfall des Schwarzwalds zum Hochrhein übt auf seine Besucher eine ganz besondere Anziehungskraft aus. Wer sich seine Idylle nicht erwandern will, der erfährt auf der Panoramastraße bei Höchenschwand die weitesten Ausblickspunkte.

Tchibo

232
1-4
PERS
237
1-4
PERS

CAROLA

Bopst

schichte sind auch die zahlreichen Riede und Moore, Seen und Sümpfe. Rund 600000 bis 10000 Jahre vor unserer Zeit waren es auch die Gletscher, die das heutige Bodenseebecken ausschürften, das zuvor bereits durch Bruchtektonik vorgeformt worden war.

Älter sind die Vulkanberge des Hegaus, die während des Tertiär entstanden. Die Lavapfropfen, die entlang tektonischer Schwächelinien aufstiegen und in ihrem Schlot erstarrten, bestehen aus Phonolith, wie der Hohentwiel im Osten, oder aus Basalt, wie Hohenstoffeln und Hohenhöwen im Westen. Diese Erhebungen geben der sonst eher sanft gewellten, ruhigen Landschaft einen eigenartigen Reiz, ebenso wie die Teile im äußersten Südosten, die noch von der Alpenfaltung erfaßt wurden. Die Adelegg mit immerhin 1118 Höhenmetern ist so ein voralpiner Höhepunkt, der auch für viele Wanderer eine Attraktion darstellt.

Das Klima Oberschwabens wird sehr stark mitbestimmt durch die ausgleichende Temperaturwirkung, die von den immensen Wassermassen des Bodensees ausgeht. Während im gebirgigen Südosten der Region die Temperaturen auch aufgrund der Höhenlage im Schnitt niedriger sind als anderswo, ist das Seeufer auch wegen seiner niedrigen Höhenlage begünstigt. Im Sommer sorgt der See durch den Wind, der über die kühleren Wassermassen streicht ebenso für einen ausgleichenden Temperatureffekt wie im Winter, der hier in der Regel sehr mild ist. Der Land-See-Wind überlagert hier den in unseren Breiten ansonsten überwiegenden Westwind und sorgt damit für ein eigenes Kleinklima. Die Niederschlagsmengen nehmen vom Regenschatten der Alb im Nordwesten zum Feuchtluftstau am Alpenrand im Südosten allmählich zu.

Mit einer Oberfläche von 538 Quadratkilometern ist der Bodensee in vielerlei Hinsicht der dominierende Landschaftsteil der Region, zumal Baden-Württemberg mit einer Uferlänge von 140 Kilometern den Löwenanteil an der Nordseite des Ufers hat. Der von den Alpen heranströmende Rhein bringt unablässig einen Zustrom frischen Bergwassers mit sich, der das bis zu 252 Meter tiefe Becken an den Grenzen von Deutschland, Österreich und der Schweiz als Wasserreservoir speist. Nicht nur die Gemeinden am Seeufer profitieren von der Wasserversorgung aus diesem riesigen Speicher, dessen Wasserqualität lange Zeit bedenklich erschien. Heute sind die Experten wieder recht zufrieden mit der Güte des lebensspendenden Nasses und bis in den Neckarraum hinein reichen die Leitungen, mit denen das Pumpwerk bei Sipplingen das Land versorgt.

Die Sorge der Naturschützer gilt auch heute noch dem Gewässer, dessen Einleitungen von Phosphor und Stickstoff bereits drastisch reduziert wurden. In den Schilfzonen rings um den See sind zum Beispiel richtige Vogelparadiese entstanden, deren Bestand aber durch die ständige Ausdehnung des Menschen bedroht ist. Segler und Windsurfer nehmen an sonnigen Sommerwochenenden den See manchmal dermaßen in Beschlag, daß man meint, das Schweizer Ufer auch trockenen Fußes erreichen zu können, wenn man von Boot zu Boot, von Surfbrett zu Surfbrett hüpft.

In den Bodensee hinein ragt ein Landzipfel, der sich durch besondere landschaftliche Schönheit und ein mildes Klima auszeichnet: der Bodanrück trennt den Überlinger See und den Untersee, der auch Gnadensee genannt wird. Die Nordwestflanke des Landrückens ist romantisch zerklüftet und zwischen Wallhausen und Bodman hat sich die Marienschlucht bei Langenrain eine finstere Kluft gegraben. Der Südosten der Halbinsel ist eher sanft gewellt und weist zahlreiche eiszeitliche Drumlins auf. Überlingen, das diesem Seeteil seinen Namen gab, bietet eines der schönsten Panoramen über See und Alpenkette. Wenige Kilometer entfernt wurde in Unteruhldingen ein Dorf wiederaufgebaut, das auf Pfählen in den See hineinragt. Schon in der Jungsteinzeit hausten hier die ersten Menschen inmitten des Schilfgürtels, der ihnen Schutz und eine Fülle von Fisch und Kleinwild bot. Wenig weiter südlich am gegenüberliegenden Ufer liegt die Blumeninsel Mainau, wo die prächtige Gartenlandschaft des Grafen Bernadotte alljährlich Tausende von Besuchern in ihren Bann zieht. Zwar ist das blumenreiche Kleinod durch eine Brücke mit dem Festland verbunden, bleibt aber doch dem Fußgänger vorbehalten.

Was Überlingen für den nördlichen Seezipfel ist, das ist Radolfzell für den südlichen. Zwischen der Landzunge, die den südwestlichen Bodenseeausläufer in Zeller See und Gnadensee teilt, und der alten Bischofs- und Handelsstadt Konstanz, der größten baden-württembergischen Stadt am Seeufer, liegt eine andere Insel, die allerdings durch moderne Brücken bequem auch zu Fuß oder mit dem Auto zu erreichen ist. Auf der Reichenau, ursprünglich eine Klosterinsel, verweisen die Namen der Ortschaften Oberzell, Mittelzell und Niederzell auf den Ursprung. Heute werden hier Obst und Gemüse im Überfluß produziert, weshalb man dem Auto den Weg geöffnet hat: das Frühgemüse, das den Schwerpunkt des Anbaus bildet, soll möglichst rasch und erntefrisch vom Erzeuger zum Verbraucher gebracht werden und hat wegen seiner hervorragenden Qualität und Absatzchancen meist auch einen langen Weg vor sich.

Selbst die Bodenseemetropole Konstanz hat außer dem reizvollen Bodensee- und dem Rheinufer, abseits des städtischen Betriebs einer lebendigen Grenz- und Hafenstadt eine große Natursehenswürdigkeit in ihrer Reichweite: das etwa 430 Hektar große Naturschutzgebiet des Wollmatinger Rieds ist ein ausgedehntes Verlandungsgebiet am Ufer des Untersees, zwischen Hegne und dem Reichenauer Damm. Das Schutzgebiet, das bei Hochwasser vollständig überflutet wird, ist mit seinem Schilfröhricht und seinen Seebinsen ein wichtiges Vogelschutzgebiet, da während der Zeit des Vogelflugs im nahen Ermatinger Ried des Untersees die Wasservögel oft zu Zehntausenden die Seefläche belagern. Im Landkreis Konstanz taucht übrigens auf überraschende Art und Weise auch ein Gewässer wieder auf, das im Kapitel Schwäbische Alb verschwunden ist: die Donau, die zwischen Immendingen und Fridingen im verkarsteten Kalk des Oberen Jura versickert ist, hat einen Teil ihres Wassers für die Aachquelle abgezapft. Nach immerhin zwölf Kilometern unterirdischen Wegs tritt das Wasser hier in der stärksten Quelle Deutschlands zutage.

«Des Hergotts Kegelspiel» – so nennen die Bewohner des Hegaus das typischste Merkmal ihrer Heimatlandschaft: die Hegauvulkane. Rund um Singen mit seinem Hohentwiel schauen die Kuppen wie Pilze aus dem Boden. Die Pfropfen, die während des Tertiärs empordrangen, wurden erst Millionen Jahre später durch die Arbeit des Gletschereises freigelegt. Ein eigenes Erscheinungsbild haben die Schlotfüllungen aus Basalt, wie sie am Hohenstoffeln und Höwenegg zutage treten: bei der Abkühlung bildete die schwarze Basaltmasse vier- bis sechseckige Säulen. Der Höwenegg ist der nördlichste Basaltkegel und Fundort seltener Mineralien und Fossilien. Gekrönt war lange Zeit der Hohentwiel, der eine Festung auf seiner Höhe trug, die jedoch schon zu Napoleons Zeiten geschleift wurde.

Auch fernab des Bodenseeufers hat die Landschaft Oberschwabens ihre Reize. Im Hinterland der Städtchen Meersburg und Überlingen lockt das bäuerliche Linzgau zu Ausflügen und Wanderungen. Weltbekannt wurde dieser Teil der Bodenseelandschaft auch durch das Kloster Salem, das heute noch als elitäre Bildungseinrichtung gilt. Tatsache ist, daß in der Schloßschule Salem, zu der auch die Teile Hohenfels und Spetzgart gehören, dem Lernen durch Erfahrung von jeher besondere Bedeutung beigemessen wird – eine Ansicht, die sich heute in vielen ganzheitlichen Bildungskonzepten wiederfindet. Zwischen Meersburg und Friedrichshafen beginnt die Weite des Obersees auf der einen Seeseite, dem landwärts ausgedehnte Garten- und Obstanlagen entsprechen. Das Eriskircher Ried bietet auf 221 Hektaren eine artenreiche Flora in einem Flachmoorgebiet, das im Osten noch von der Schussen durchflossen wird. Viel fruchtbarer zeigt sich dagegen die Landschaft zwischen Ravensburg und Tettnang: Zur Spargelzeit kehren hier die Feinschmecker ein, um vor Ort die Spezialitäten der Region zu verkosten. Dazu gehören neben den Fischen des nahen Bodensees auch die Weine vom Bodenseeufer und gelegentlich frische Hopfensprossengerichte. Im milden Seeklima gedeiht das Obst in Hülle und Fülle und bildet einen reizvollen Kontrast zu den Rieden im Norden.

Im nördlichen Teil Oberschwabens liegen die großen Feuchtgebiete, für die Eis und Geröllmassen der Würmeiszeit die Grundlage geschaffen haben. Der Federsee ist mit rund 1400 Hektaren das größte Naturschutzgebiet Süddeutschlands, über das man sich auch im Federseemuseum in Bad Buchau informieren kann. Trotz seiner immensen Ausmaße ist der heutige Federsee nur der Überrest eines eiszeitlichen Seegebiets, das etwa 100mal so groß war. Da Torfstechen und Fischen den Lebensunterhalt der Menschen hier nicht sichern konnten, begann man mit Trockenlegungsversuchen, die aber fehlschlugen, weil auf dem verlandeten See keine Landwirtschaft möglich war. Lange Holzstege führen heute durch die Schilfzone hinaus an den See, wo man vielerlei Arten von Wasservögeln beobachten kann. Auch das Wurzacher Ried und der Rohrsee sind kleine Vogelparadiese. Doch man schaffte es auch, Kapital aus dem landwirtschaftlich so ungünstigen sumpfigen Untergrund zu schlagen. Die Heilbäder Oberschwabens sind heute bekannt für die wohltuende Wirkung der schwarzen Moormasse, und die Moorbäder in Bad Schussenried, Bad Aulendorf und Bad Waldsee haben das ganze Jahr über Saison. Nahe der natürlichen Grenze zur Schwäbischen Alb, die hier auf weiten Strecken mit dem Verlauf der jungen Donau identisch ist, erhebt sich der Bussen über die flache Landschaft. Mit seinen 767 Höhenmetern bietet er einen Panoramablick, der ihn zu einem der besten Aussichtspunkte Oberschwabens macht. Wegen seiner Marienwallfahrten wird er auch der «Heilige Berg Schwabens» genannt.

Schwäbische Alb und Oberes Donautal: rauh, aber herzlich

Gilt der Schwarzwald als liebliche Naturschönheit, so liegt der Reiz der Schwäbischen Alb mehr in ihrer herben Eigenart. Ihr rauhes Klima hat die Landschaft und seine Bewohner geprägt; nichtsdestotrotz hat die Landschaftsstufe des Jura Reize und Naturschönheiten in großer Fülle zu bieten. Kennzeichnend für die herbe Schönheit der Landschaft, die sich am besten dem Wanderer erschließt, ist auch das Zeichen des Schwäbischen Albvereins, dessen Mitglieder ein gut markiertes Wegenetz im Kalkgebirge in Schuß halten: die Silberdistel. Auf rund 220 Kilometer Länge und etwa 40 Kilometer Breite erstreckt sich die Alb in mehreren Höhenstufen von Südwest nach Nordost, zwischen Neckar und Donau, zwischen dem Nördlinger Ries und der Baar am Schwarzwaldrand. Markantestes Kennzeichen der Alb ist der weithin sichtbare weiße Albtrauf, der eine bis zu 400 Meter hohe Schichtstufe gegen das Albvorland bildet. Die flachwellige bis kuppige, aus Ablagerungen des Weißen Jura (Malm) aufgebaute Hochfläche bildet die höchste Stufe des Südwestdeutschen Schichtstufenlandes und ist in weiten Teilen stark verkarstet und meistens waldfrei.

Landschaftsprägend ist der kalkige Untergrund gleich in mehrfacher Hinsicht: in den trockenen Böden versickert das Regenwasser, so daß Täler zumeist in den Eiszeiten angelegt wurden. Zudem nagt die Erosion seit Jahrmillionen an der Stufe des Albtraufs, der im Laufe der Zeit immer weiter zurückwich. Zurückgelassen hat er im heutigen Albvorland «Zeugenberge» wie den Hohenrechberg oder den Hohenstaufen, die zeigen, wie weit die Fläche der Kalkschicht einst in das heutige Albvorland reichte. Im Südwesten der Schwäbischen Alb bestimmt der Untergrund des Unteren Weißen Jura das Landschaftsbild. Geologen bezeichnen diesen Teil als Schichtflächenalb, weil die welligen Hochebenen zwischen der Baaralb und der Reutlinger Alb nur von wenigen Trockentalwannen durchzogen werden. Diese Landschaftsform ist besonders eindrücklich im Schönfeld bei Hechingen entwickelt. Die Kuppenalb erhebt sich mit einem weiteren Stufenrand des mehr als 150 Meter mächtigen Schichtpakets des Mittleren Weißen Jura und verdankt ihren Namen einer Vielzahl von Härtlingskuppen, die aus ehemaligen Schwammriffen bestehen. Durch die Küstenlinie eines tertiären Meeres, die Klifflinie, wird die Flächenalb abgegrenzt. Der Name charakterisiert das flächige Relief des südlichen, zur Donau hin geneigten Teils der Alb.

Das Kalkgebirge der Schwäbischen Alb ist das größte Karstgebiet Mitteleuropas und an vielen Stellen kann man beobachten, welche Formen das Wasser in dem löslichen Untergrund hinterlassen hat: bekannt ist die Alb nämlich auch für die ungeheure Vielzahl an Höhlen, die Forscher aus ganz Europa anzieht. Dolinen, Trockentäler, Schlucklöcher und Spalten dienen zur Schulung ganzer Generationen von Geographie- und Geologiestudenten, haben aber auch für die «Höhlenmenschen» unter den naturbegeisterten Wanderern ihre Reize. Nur wenige Wasserläufe konnten sich auf diesem Untergrund vor der Austrocknung bewahren, indem sie sich rasch eintieften. Dramatischstes Beispiel dafür ist das wildromantische Durchbruchstal, das die Donau bei ihrer Querung der Alb geschaffen hat und das zu den besonderen landschaftlichen Schönheiten des deutschen Südwestens zählt.

In den Dimensionen der Erdgeschichte betrachtet ist die Alb eine junge Landschaft. Das zeigt sich auch daran, daß die Kräfte aus dem Erdinnern immer noch aktiv sind. Besonders im Gebiet der Zollernalb ist die überdurchschnittliche Erdbebenhäufigkeit ein Indiz für den Fortbestand einer tektonischen Schwächezone. Die andauernde Aktivität in der Erdkruste ist aber auch Anlaß zur Sorge für viele Bewohner. Für den Reisenden gibt es zahlreiche Hinweise auf die Bewegungen in der obersten Erdschicht: mehr als 300 Durchschlagslöcher des sogenannten Schwäbischen Vulkans wurden in der Mittleren Alb und dem Albvorland zwischen Bad Urach und Kirchheim unter Teck nachgewiesen. Die tertiären Schlotfüllungen dieser Eruptionsstellen waren der Erosion auf der Albfläche lange nicht so gut gewachsen wie ihre Umgebung. Deshalb wurden sie rasch ausgehöhlt und bilden heute feuchte oder vermoorte Hohlformen, die «Hülben» oder «Hülen». Ganz anders erging es diesen vulkanischen Überresten im Albvorland: dort zeigten sie sich dem Zahn der Zeit gegenüber widerstandsfähiger als ihre Umgebung und treten nun als Härtlinge hervor. Zeuge des vulkanischen Geschehens ist zum Beispiel auch das Randecker Maar. Ries und Steinheimer Becken, die lange Zeit für ebensolche vulkanische Formen gehalten wurden, sind dagegen Krater, die von Meteoriteneinschlägen zur Zeit des Tertiär gebildet wurden.

Obwohl die Alb zu den ältesten besiedelten Gebieten gehört, gab es für ihre Bewohner seit jeher ein großes Problem: den Wassermangel. Der lösliche Untergrund verschluckte alle Niederschlagsmengen, einzig in den Hülben sammelte sich ein Wasservorrat. Dafür boten die zahlreichen Höhlen den ersten Menschen hier schon Unterschlupf. Erst rund 100 Jahre ist es her, daß die Albwasserversorgung es schaffte, allen Orten auf der Alb das lebensnotwendige Naß hinaufzupumpen. Wohin diese Wassermassen verschwinden, kann man sich am Blautopf in Blaubeuren ansehen, auf der Ostseite der Alb bei Ulm. Die 22 Meter tiefe Karstquelle hat einen Durchmesser von 34 Metern und sammelt das gefilterte Wasser der östlichen Alb aus einem Umkreis von 180 Kilometern, in dem den Menschen derweil die Trockenheit lange Zeit schwer zu schaffen machte. Heute können sich Naturliebhaber ungeachtet der einstigen Nachteile an der Einzigartigkeit des trockenen Kalkbodens erfreuen und an der seltenen Vielfalt, die der Untergrund der Tier- und Pflanzenwelt beschert. Die Silberdistel ist fast schon zum Symbol für diese Landschaft geworden; mindestens genauso landschaftsprägend waren lange Zeit aber auch die Wacholderheiden, die heute nur noch an wenigen Orten gedeihen. Durch den Rückgang der Wanderschäferei ist diese ehemals typische Landschaftsform der Albhochfläche in ihrem Bestand bedroht. Zahlreiche Orchideenarten schmücken die kargen Wiesen und locken so manchen Botaniker auf die Alb und so manchen Wanderer vom Weg. Wessen Interesse mehr der Tierwelt gilt, der kann sich über die Ansiedlungsversuche des Uhus informieren. Der größte und schönste Eulenvogel ist seit relativ kurzer Zeit wieder im Oberen Donautal heimisch. Wesentlich bekannter aber sind die Vierbeiner, deren Aufzucht man sich hier seit langem widmet: im Landgestüt Marbach findet alljährlich im Herbst eine Leistungsschau statt, die Pferdekenner aus nah und fern anlockt. Während jedoch auch die Gestüte auf der Alb eher etwas für den Kenner sind, war und ist eine andere Tierart eigentliches Kennzeichen der Landschaft. Lange Zeit gehörte der Anblick großer Schafherden zu den typischen Bildern auf der Alb. Waren sie früher die Voraussetzung für einen Teil der Textilindustrie, die hier einen Schwerpunkt hatte, so ist ihre wirtschaftliche Bedeutung heute deutlich zurückgegangen, nicht aber ihr Reiz für die Besucher der Alb.

Daß die Geologen aber den Landstrich so zu schätzen wissen, hat eine andere Ursache: kaum irgendwo sonst sind die Gesteinsschichten, die Meere vor Jahrmillionen hier abgelagert haben, im selben Maße mit Versteinerungen frühester Lebewesen durchsetzt. Der Jura ist nicht zuletzt deshalb eine der aufschlußreichsten Schichten des Erduntergrunds, weil seine Lagen gekennzeichnet sind durch das Vorkommen von

«Leitfossilien», die den Wissenschaftlern genaue Aufschlüsse über die Lebensbedingungen der damaligen Zeit geben. Die Versteinerungsfunde aus dem Liasmeer im Umkreis von Holzmaden – Bad Boll am westlichen Albrand wurden nicht nur unter den Fachleuten weltbekannt: sie können heute im Urweltmuseum in Heumaden besichtigt werden.

Interessant wegen ihrer natürlichen Form und der geschichtlichen Bedeutung sind drei Zeugenberge, die als «Kaiserberge» bekannt wurden. Der Rechberg, der Stuifen und der Hohenstaufen prägen nicht nur das Landschaftsbild mit ihren burggekrönten Kuppen vor der Kulisse des Albtraufs. Sie sind auch in historischer Hinsicht Zeugen einer Vergangenheit, in der die Region vom stärksten deutschen Kaisergeschlecht regiert wurde: den Staufern, die auf dem Hohenstaufen residierten. Nicht weniger markant und reizvoll sind indes andere Trutzburgen, die in reichlicher Zahl die Höhenzüge der Alb krönen. Der Hohenneuffen zum Beispiel, dessen Befestigungsanlage nahe dem industriereichen Nürtingen das Neuffener Tal überragt, oder die neugotische Burg Lichtenstein, die vielleicht schönste Burg auf den Anhöhen der Schwäbischen Alb.

Zwei Regionen am Rande des Kalkgebirges nehmen eine eigentümliche Stellung ein: das Donautal und der Heuberg. Die südliche Schwäbische Alb beginnt zwischen Meßstetten und Trossingen allmählich in die Hochfläche der Schwarzwald-Ausläufer überzugehen. Vom Oberen Donautal bis Tuttlingen, Spaichingen und Balingen vermischen sich die Eigenarten der Alblandschaft allmählich mit den Wesenszügen der Baar. Eine eigene Welt im Kleinen ist dagegen das Donautal zwischen Mülheim und Sigmaringen. In riesigen Mäandern durchläuft die junge Donau das steilwandige Tal, das oft nicht einmal Platz läßt für Straße oder Bahnlinie. Wanderwege entlang der steil aufragenden Kalkwände oder entlang deren Hangkante gewähren Einblicke in eine Landschaft, in der die Natur einmalige Formen geschaffen hat. Unberührt kann man diese Landschaft indes nicht mehr nennen, längst ist sie zu einem Freizeitparadies für die aktiv Erholungssuchenden geworden: in Kanus paddeln die geruhsameren Sportler durch die Flußschlingen, Radler und Wanderer nutzen das ausgebaute Wegenetz, und Kletterer erobern die schon seit langem gut erschlossenen Kalkfelsen mit Seil und Haken. An sonnigen Sommertagen schweben über dieser Freizeitlandschaft oft zahlreiche Segelflieger, die auf der Albhochfläche und an den Hangkanten ideale Bedingungen für ihren Sport vorfinden.

Im Winter dann sind es die Skifahrer, die aus dem Schwäbischen auf die Albhochfläche strömen, um ihrem winterlichen Vergnügen nachzugehen. Zahlreiche Pisten bieten den Feierabendsportlern sogar Flutlichtbetrieb. Die landschaftliche Schönheit der Alb erschließt sich aber mit Sicherheit weitaus eher den Langläufern, die auf der Alb ein gut markiertes und ausgebautes Loipennetz vorfinden. Wer indes von all diesen sportlichen Freuden wenig wissen will, für den bietet der Herbst eine Palette bunter Überraschungen. Wenn in den letzten warmen Oktobertagen das Blättermeer der Laubbäume entflammt und die Höhen der Alb in klarer Luft über dem dunstigen Tiefland liegen, dann brechen die Wanderer auf zu ihren großen Touren. Die Mitglieder des Schwäbischen Albvereins haben ihnen den Weg bereitet, zahlreiche Hütten, Naturfreundehäuser oder Jugendherbergen laden ein zu einer Rast. Und wer durch den Anblick der zahlreichen Schlösser und Burgen auf den Geschmack gekommen ist, der versucht eine Übernachtung auf der Burg Wildenstein einzulegen, die als Jugendherberge auch für Einzelwanderer meist noch ein Bett frei hat.

Feinschmecker und Viertelesschlotzer

Sicher, auch die gedankenlosen Konsumenten des internationalen Einheitsbreis à la Fast food kommen in Baden-Württemberg auf ihre Rechnung. Denn wo ein Markt ist, findet sich gerade im Ländle auch immer jemand, der ein «Gschäftle» wittert und für Nachschub sorgt. Aber typisch sind sie eben doch (noch?) nicht, die Hamburgers und Würgburgers und Spießburgers; und abgesehen von Pizza und Gyros, Fritten und Schnitzeljagden in den Städten haben sich bodenständig gebliebene Restaurants mit einer regionalen Küche behauptet. Ja, sie sind eine der stabilsten Wurzeln des baden-württembergischen Selbstwertgefühls. In Abwandlung eines geflügelten Wortes könnte man auch sagen, daß Heimat durch den Magen geht.

Die Bedeutung, die Alemannen und Schwaben einem guten Essen und einem noch besseren Tropfen beimessen, verbindet. Und Nudeln stellen im übertragenen Sinne den Kitt dieser kulinarischen Beziehung dar. Damit aber sind die Gemeinsamkeiten schon fast wieder beendet.

Um es auf einen Nenner zu bringen: die badische Küche versteht sich als Kunst, die schwäbische als Kunsthandwerk. Wo in allernächster Nachbarschaft zum Elsaß und zur Schweiz Raffinesse und südländisch inspirierte Phantasie den Kochlöffel führen, da brutzelt zwischen herbem Schwarzwald und schroffen Albflächen eher ein deftiger Kern in der rauhen Schale. Daß aber die unscheinbare Hülle täuscht, macht wohl kein anderes urschwäbisches Lebensmittel so deutlich wie die Maultasche. Der Name dieses Nudelquadrats geht möglicherweise auf Margarete Maultasch aus Tirol zurück, und die italienischen Ravioli zählen zur nächsten Verwandtschaft. Maultaschen gehören in vielerlei Variationen zum unentbehrlichen Rezeptfundus schwäbischer Küchen, und ihre Entstehung geht auf Zeiten zurück, als man es mit dem vorösterlichen Fasten noch genauer nahm. Mit Spinat gefüllt, in der Brühe serviert oder mit Zwiebeln geschmälzt, entsprachen sie fleischlosen Vorschriften oder sahen doch zumindest danach aus. Am Karfreitag haben sich die Maultaschen als (überkonfessionelles) Fastenessen behauptet: In breite Streifen geschnitten und aufgebraten mit verquirlten Eiern, werden sie als «G'röschte» aufgetischt.

Im alemannischen Sprachgebrauch ist ein «Mehler» jemand, der unverschämtes Glück hat. Mehl ist – zum Glück für sparsame Schwaben – die Basis ihrer Küche. Wie wär's mit folgendem Wochenplan: montags Spätzle, dienstags Flädle, mittwochs Knöpfle, donnerstags Nudle, freitags Maultaschen, samstags Leberspätzle? Und sonntags, als Höhepunkt, gibt's zum Schwäbischen Rostbraten, dem Nationalgericht, nicht nur Filderkraut und gebratene Zwiebelringe, sondern logischerweise Spätzle. Nach der klassischen Methode ist die Spätzleherstellung reine Handarbeit: der Teig aus Mehl, Eiern und Schmalz muß vom Brett ins kochende Wasser geschabt werden, wo die pampigen Würmer sich in soßenaufsaugende Spätzle verwandeln. Wer sich vorm Schaben drückt und stattdessen einen Spätzledrücker einsetzt, gilt bei richtigen Schwaben als faul – jedenfalls hinter vorgehaltener Hand.

Der Mensch ist, was und wie er ißt: dies gilt ganz besonders für die Württemberger. Deren Tugenden sind ja, trotz mancher Aufweichungstendenzen, vor allem Strebsam-

Bodensee und Hegau

Seite 141:
Am Konstanzer Hafen geben sich Segler, Fährschiffe der Bodenseeflotte sowie Tret- und Motorboote ein Stelldichein. Der Bodensee, größter deutscher und drittgrößter mitteleuropäischer See, ist von Ostern bis Oktober ein besonders zugkräftiges Freizeitrevier und Wassersportparadies.

Seite 142:
Bodensee und Hegau zählen zu den traditionsreichsten Fasnachtslandschaften in Baden-Württemberg. Wer der alemannischen Fasnacht außerhalb der närrischen Hoch-Zeit auf die Sprünge kommen will, kann dies besonders bei einem Besuch des Fasnachtsmuseums im Schloß Langenstein bei Eigeltingen tun: Lebensgroße Figuren und zahlreiche Darstellungen erläutern Ursprung und Gegenwart des bewegten Brauchtums. Und nicht weit entfernt zeigt der Brunnen im beispielhaft restaurierten Hegau-Städtchen Engen, daß die Fasnacht hier das ganze Jahr über ein beherrschendes Thema ist.

Seite 143 oben:
Die Reichenau hat sich ihren guten Ruf als Gemüseinsel im Bodensee erworben, wird aber vor allem durch romanische Kirchenbauten geprägt, wie sie nördlich der Alpen nur selten vorkommen. Die Münster St. Georg in Oberzell, St. Maria und Markus in Mittelzell und St. Peter und Paul in Niederzell sind tatsächlich Zellen der Geistesgeschichte und -entwicklung gewesen. Wer sie heute besucht, empfindet sie als Ruhepole von großer Ausstrahlung, die nicht nur auf ihrer kunsthistorischen Bedeutung beruht.

Seite 143 unten:
«Engen, Tengen, Blumenfeld sind die schönsten Städte der Welt», spottet man im ländlichen, provinziellen Hegau selbstironisch. Blumenfelds Schloßfassade vor den Hegauvulkanen zeigt aber, daß dieses Motto optisch durchaus einen Hintergrund hat.

Seiten 144/145:
Die Insel Mainau – ein Paradiesgärtlein, wie es in Deutschland einzigartig ist. Dementsprechend gewaltig ist der Touristenandrang, denn Besucher aus ganz Europa wollen sich an Blumenorgien und Parkanlagen erfreuen, die dank der Initiative und ausdauernden Naturverbundenheit des «gräflichen Obergärtners» Lennart Bernadotte entstanden sind. Der populäre Graf, ein Angehöriger des schwedischen Königshauses, hat die Mainau zum Inbegriff des südländisch wirkenden Bodensees gemacht. Der ganze Reiz der einzigartigen Komposition aus Schloß, Park und Blüten entfaltet sich freilich erst dann, wenn die Touristenströme nur noch tröpfeln und so den Eindruck von gewachsener und gestalteter Naturwelt nicht mehr hinwegschwemmen.

Seite 146:
Beim Bodensee handelt es sich um eine Region, die im geistigen wie im geistlichen Sinne lange Jahrhunderte für Europa wegweisend war. Zeichen und Bilder geben bis heute darüber Aufschluß: die Nonnen an der Konstanzer Bodenseebrücke, der barocke Überschwang im nicht nur religiösen Pilgerziel Birnau bei Überlingen, das Konzilsgebäude am Konstanzer Hafen und der Rosengarten im Mainau-Paradies. Heutzutage braucht Gottseidank niemand mehr zu befürchten, am Bodensee wegen seines Glaubens auf dem Scheiterhaufen zu landen, wie es Jan Hus 1415 am Konstanzer Konzil geschah.

Seite 147:
Das Konstanzer Münster steht zwar im Schatten berühmterer Kirchengebäude rund um den Bodensee, weist aber durchaus Kunstwerke von großer Ausdruckskraft auf, die das Streben des mittelalterlichen Menschen um sein Seelenheil eindrücklich widerspiegeln.

Seite 148:
Wirken sie nicht wie die lebendig gewordenen Überreste einer verflossenen Zeit, die rekonstruierten Pfahlbauten von Unteruhldingen? Wenn sich gegen Abend die Touristenströme verlaufen haben und der Bodensee wieder zu einem friedlichen Gewässer ohne Schiffe geworden ist, dann kann man sich angesichts der Holzstege und Holzhütten tatsächlich in jene Urzeiten zurückversetzt fühlen, als unsere Vorfahren hier ihr Leben als Fischer fristeten.

Segeln
im Hafen verboten
Kabel

Mondeken toe.

keit, Ordentlichkeit und Sparsamkeit. So versteht sich die schwäbische Küche vor allem darauf, aus wenigen Grundbestandteilen eine wohlschmeckende Vielfalt zu gestalten, die Leib und Seele zusammenhält und die nötigen Kalorien für den arbeitsreichen Werk-Tag liefert. Zum schwäbischen Wohlbehagen gehört auch ein fein säuberlich geleerter Teller: Reste läßt ein Waiblinger oder Leonberger nicht so schnell verkommen.

Eine Flädlesuppe dient zur Einstimmung, die Spätzle mit Linsen und Saitenwürsten besorgen die Grundlage, der Kartoffelsalat begleitet die gefüllte Kalbsbrust – doch ohne Wein läuft fast nichts in der schwäbischen Küche. Damit aber werden nicht, wie bei den badischen Vettern, Speisen verfeinert, nein, er wird *rein* oder höchstens als trockene Schorle getrunken. Trotz Bier (und alkoholfreier Angebote) kann der Württemberger Rote als Volksgetränk Nr. 1 bezeichnet werden. Stuttgart und seine Umgebung, das Neckar- und Remstal, verzeichnen den höchsten Weinkonsum pro Kopf der Bevölkerung in ganz Deutschland. Zu Kopfe können ein Trollinger (nach seiner Herkunft aus dem Namen «Tirolinger» abgeleitet), ein blaufränkischer Lemberger, ein Schwarzriesling, ein Schillerwein oder Portugieser durchaus steigen, denn die «Wengerter» am Unteren Neckar und in den Seitentälern der Jagst, Kocher, Fils oder Rems sind stolz auf gehaltvolle Qualität. Stuttgart und Heilbronn zählen auch mengenmäßig zu den größten deutschen Weinbaugemeinden.

Fast jeder schwäbische Weinkenner sehnt sich nach seinem «Wirtschäftle», wo er als «Viertelesschlotzer» unter Seinesgleichen oder auch für sich allein seinen Württemberger wie ein «Bonbonle» im Munde herumrollen kann und über die Welt philosophiert. Diese aber weiß gar nicht, was sie am schwäbischen Wein hat, denn er wird nur selten über die Landesgrenzen hinaus gelangen – nach dem Motto: «Mir saufet onsern Wei selber.»

Ganz anders in der badischen Nachbarschaft. Die badischen Winzer sind nicht nur – mit großer Berechtigung – davon überzeugt, den besten Wein in deutschen Landen hervorzubringen, sondern sie wollen auch die Nordlichter an ihren edlen Rebensäften teilhaben lassen. Kaiserstühler oder Ortenauer Lagen sind daher auch in Bremen oder Berlin in vieler Munde. Dafür sorgt schon die größte europäische Weinkellerei in Breisach mit einem Fassungsvermögen von 150 Millionen Litern (!), die sich ungeachtet dieses kaum zu erfassenden Weinsees neuerdings Badischer Winzerkeller nennt, wohl um Assoziationen von Eichenholzfässern in der romantischen Umgebung gemauerter Gewölbe zu erwecken. In Breisach aber dominieren gewaltige Stahltanks – freilich werden dort auch kleine Gebinde aus Spitzenlagen ausgebaut.

Die meisten badischen Weinberge haben Kontakt zum Rhein – vom Meersburger Bodenseeufer im Süden bis zum Laudenbacher Sonnberg ganz im Norden der badischen Bergstraße. Doch als Rheinwein wollen die Winzer zwischen Bodensee und Weinheim ihre Gewächse nicht bezeichnet wissen. Der in England und Amerika so beliebte «Rhinewine» gilt ihnen als zweitklassiges Produkt, dem sie mehr Oechsle und zunehmend auch trocken ausgebaute Sorten aus ihrer sonnenreichen Region entgegenstellen.

In Württemberg sehen die «Viertelesschlotzer» am liebsten rot, während in Baden weiß dominiert. «Sürpfle muesch, nit suffe» ist das Motto, das weise Beschränkung und wahre Kennerschaft verrät – ein Motto, das allerdings bei den klangvollen Namen auf der badischen Weinkarte leicht ins Wanken geraten kann. Bei einem erfahrenen Weinzahn klingelt es schon bei der Erwähnung des Klingelbergers, wie der trockene Riesling aus der Ortenau heißt – und in Durbach, Varnhalten, Neuweier, Eisental oder Sasbachwalden gedeihen badische Spitzengewächse. Markenzeichen der Ortenau sind aber auch hervorragende Spätburgunder Rotweine, beispielsweise aus Sasbachwalden oder aus Affental.

Rubinrote Tropfen werden auch im Breisgau zwischen Lahr, Emmendingen und dem Glottertal (Roter Buur) angeboten, doch steht dieses in puncto Sonnenscheindauer führende Gebiet in Deutschland etwas im Schatten des benachbarten Kaiserstuhls. Dessen vulkanische Basis und die Sommerhitze – Ihringen ist der wärmste Ort unserer Republik – bringen einen feurigen Wein hervor. Wer auf der badischen Weinstraße durch und um den Kaiserstuhl herum fährt, wird zwar stellenweise über die wie riesige Kuchenformen wirkenden Mammutterrassen von Menschenhand staunen und die kleinräumigere Reblandschaft vergangener Tage vermissen, kommt aber schon angesichts der Ortsschilder schnell wieder auf den Geschmack. Ihringen und Achkarren, Bickensohl und Bischoffingen, Königschaffhausen und Oberrotweil genießen den besten Ruf, doch ein Sasbacher Roter ist auch nicht zu verachten. Eigentliche Kaiserstuhl-Spezialität bleibt trotz zunehmenden Anbaus von Müller-Thurgau der gehaltvolle Ruländer, ein schwerer Wein von kommunikativer Wirkung.

Schon fast in Sichtweite zum deutsch-französisch-schweizerischen Dreiländereck im Basler Rheinhafen wächst ein überaus bekömmlicher, trockener Wein für alle Tage: der Gutedel aus dem Markgräflerland zwischen Freiburg und Lörrach, der in diesem so fruchtbaren und anmutigen Landstrich als Markgräfler angeboten wird. Immer mehr Zulauf bekommen übrigens die Ökowinzer, die einen naturreinen, durchgegorenen Wein anbieten und zwar mehr Arbeit als ihre Kollegen haben, dafür aber keine Absatzsorgen kennen.

Eine Goldgrube nämlich ist ein Weinberg nicht von vornherein. Im verflossenen Jahrhundert galten die badischen Winzer gar als arme Schlucker. Da kam der später auch als Heimatschriftsteller und Politiker populär gewordene Dorfpfarrer Heinrich Hansjakob in der Bodenseegemeinde Hagnau auf eine bahnbrechende Idee: er überzeugte die Winzer davon, daß Einigkeit auch in Vermarktungsfragen stark macht, und wurde 1881 zum Spiritus Rector der ersten Winzergenossenschaft auf badischem Boden, eben in Hagnau. Dort, am Bodensee, lassen sich die Touristen und Einheimischen einen Meersburger Weißherbst schmecken. Dieser Spätburgunder wird nicht auf der Maische der blauen Beerenhaut vergoren, so daß er seine typische rötliche Färbung erhält. Besonders harmonisch ist es, zuerst ins Glas und dann auf die Spiegelung der untergehenden Sonne im sanften Wellengekräusel des Bodensees zu blicken: Ton in Ton, Ästhetik für Genießer.

Für Gourmets ist Baden ganz generell ein Eldorado, das gelobte Land aller bundesdeutschen Regionen. So viele Sterne und Kochmützen wie zwischen Oberrhein und Schwarzwald gibt es in Deutschland kein zweites Mal, und mit ihren Feinschmeckertempeln kann so manche badische Kleinstadt, manches Dorf locker mit den Großstädten anderer Bundesländer mithalten. Besucher aus Hamburg oder Bremen, Essen oder Dortmund reiben sich immer wieder verwundert die Augen, wenn sie das kulinarische Angebot beispielsweise in Baiersbronn oder Glottertal auf sich wirken lassen. Und erste Adressen gibt es im Schwarzwald auch dort, wo man eher vermuten würde, daß sich dort Fuchs und «Has» gute Nacht sagen. Stattdessen aber geht ohne Reservierung nichts.

Es kommt nicht von ungefähr, daß so ziemlich jedes badische Dorf auch ein Restaurant für den anspruchsvolleren Feinschmecker vorzeigen kann. Denn das überdurchschnittliche Niveau der badischen Gastronomie hängt ganz allgemein mit der inspirierenden Nähe des Elsaß und der Schweiz zusammen, und der hohe Standard hat seine Basis in der Vielzahl frischer Produkte aus Gärten, Feldern, Flüssen und Wäldern.

Fangen wir mit den Suppen an. Die Bandbreite reicht vom badischen «Schneckenrahmsüpple» über Sauerampfersuppen bis zur herzhaften Schwarzwälder Kartoffelsuppe mit «Krachele» (geröstete Brotwürfel). Und wo außer in Baden findet man auch in Dorfgasthäusern einen Salat aus frühlingszarten Löwenzahnblättern auf der Speisekarte? Rheinfische dagegen stehen nicht mehr hoch im Kurs – kein Wunder bei den grenzenlosen Umweltbelastungen. Da können die Regenbogenforellen aus den Gebirgsbächen oder Bassins des Schwarzwaldes schon auf eine ganz andere Karriere verweisen. Forelle Müllerin, blau oder gebacken, mit Mandelsplittern oder von Kräutern gekrönt: dieser Fisch hat den Schwarzwald kulinarisch bekannt gemacht. Als eigentliche Spezialität des waldreichsten deutschen Mittelgebirges aber gelten der Schwarzwälder Schinken und/oder Speck. Ein Hochgenuß ist es, auf dem Holzbrett ein herzhaftes Holzofenbrot zusammen mit dem auf Tannenholz geräucherten, milden und hauchfein geschnittenen Speck serviert zu bekommen und voller Wohlbehagen diese so erdigen Lebensmittel zu verspeisen. Und schon bei der Bestellung läuft dem Hungrigen das Wasser im Munde zusammen: «Lääberli mit Bräägeli».

Die badische Kochkunst versteht sich besonders gut darauf, das Grundprodukt zur höchsten geschmacklichen Entfaltung gelangen zu lassen. Beim «Buureplättli», einem typischen Vesper, braucht es dazu «nur» die entsprechend sorgfältig ausgesuchte und hergestellte Substanz: Speck, Brot, Leberwurst, Rettich, Gurke, Tomate. Schon wesentlich größere Handfertigkeit verlangt ein «Schäufele» in Brotteig oder – auch so eine Art badisches Nationalgericht – Mastochsenbrust mit Meerrettich. Die Krone der Kochkunst am Oberrhein und im Schwarzwald aber ist mit den Wildspezialitäten erreicht. Beim Rehrücken Badisch läuft jedem Genießer das Wasser im Mund zusammen; dafür sorgen auch die Beilagen Pfifferlinge, Birnen mit einem süßen Kern aus Preißelbeermarmelade und Spätzle. Ja, hier finden wir sie wieder, und so zeigt sich, daß es sich zwischen Badenern und Schwaben eben doch nicht um eine verfeindete Familie handelt. Am Tuniberg bei Freiburg und im nordbadischen Schwetzingen geht's im späten Frühjahr ebenfalls feudal zu. Dann nämlich regiert der Gemüse-König, wie der Spargel zu Recht gerühmt wird. Seine Krone schimmert hierzulande übrigens grünlich-weiß, denn er bleibt bis zum Anstich ohne Lichtzufuhr.

Was den Spitzenrestaurants in der Schwarzwald-Vorbergzone Hechtklößchen in Dillsauce bedeutet, das ist den gastlichen Stätten am Bodensee der Felchen, ein forellenähnlicher Fisch aus der Lachsfamilie. Da die Bodenseeregion sowohl Anteil am badischen wie am (ober-)schwäbischen Kochwissen hat, fließen hier die beiden Einflüsse auch ineinander über. Schwäbische Hochzeitssuppen schmecken den Alemannen genauso gut wie den Franken die Allgäuer Käsespezialitäten. Kein Wunder, denn Milchprodukte sind vom Alpenvorland bis zum Jura und den Vogesen ein verbindendes «I-Tüpfeli».

Dieses bildet – auch was das internationale Renommee betrifft – aus Sicht des «Musterländles» zweifellos die Schwarzwälder Kirschtorte. Diese Kalorienbombe besteht aus Schokoladenbiskuit, Sauerkirschen, viel Sahne und Crème, doch ihr unvergleichliches Aroma verdankt sie einem wohldosierten Schuß Kirschwasser. Als kulinarischer Exportschlager ist sie weltweit berühmt. Und wer – beispielsweise nach einem nahrhaften Menu oder zur Besiegelung eines erfolgreichen Ereignisses – sich ein mild gebranntes «Chriesewässerli» munden läßt, schmeckt den Grund.

Wer in Baden speisen geht, geht nicht baden. Und wer in Schwaben ausgeht, geht nicht ein. Dieses Bundesland ist zweifellos die auf einer breiten Basis aufbauende Spitze der deutschen Küche. Und während die Württemberger es eher nahrhaft-deftig mögen, bevorzugen die Badener es pikant-raffiniert. Auch daran läßt sich ermessen, daß das Bindestrich-Bundesland ein angenehmes «Gschmäckle» hat. Auf den Magen aber schlägt die Verbindung gehaltvoller und geschmackvoller Elemente im Südweststaat nicht. Er ist eben auch in Küche und Keller ein Muster an Bodenständigkeit und Charakter.

Baden-Württemberg hat Kultur

Landeshauptstadt Stuttgart und Mittlerer Neckarraum: Lebensadern

Mit seinen 600000 Einwohnern – davon kommt ein Sechstel aus dem Ausland – ist Stuttgart die einzige richtige Großstadt des Schwabenlandes und die unumstrittene Landeshauptstadt. Seine Geschichte und vor allem die im engen Talkessel beschränkten Entfaltungsmöglichkeiten deuteten noch vor zweihundert Jahren in keiner Weise auf die politische wie wirtschaftliche Karriere Stuttgarts hin. Heute haben sich im einstigen Stuten-Garten Weltfirmen ein festes Fundament geschaffen, und tagtäglich strömen Pendlermassen – das Stuttgarter Einzugsgebiet umfaßt rund eineinhalb Millionen Menschen – in diesen Ballungsraum. Wegen seiner reizvollen Lage, umrahmt von Obstgärten, Weinbergen und bewaldeten Hügeln, haben sich die Werber den Slogan «Großstadt zwischen Wald und Reben» einfallen lassen. Wenn die Stuttgarter aber wieder einmal im Stau stecken und ihnen im Talkessel das Atmen schwer fällt, empfinden sie ihren Wohnort eher als «Stadt zwischen Hängen und Würgen» oder – wie Thaddäus Troll gespottet hat – als «Stadt zwischen Halt und Gräben».

Die Verkehrsprobleme aber sollen uns nicht den Blick verstellen für die sehr anziehenden Seiten der größten Kleinstadt Deutschlands. Diese Charakterisierung ist durchaus als Kompliment gemeint. Denn schon wenige hundert Meter abseits der belebten Fußgängerzonen um die Königstraße und des mit Sehenswürdigkeiten angehäuften Stadtzentrums zwischen dem prunkvollen Alten Schloß und der futuristisch erweiterten Staatsgalerie herrschen Beschaulichkeit und Durchblick. Wer mit dem Auto die windungsreichen Stuttgarter «Bergpässe» zum Fernsehturm hinanfährt oder zu Fuß die endlosen Treppen – Staffeln genannt – emporklettert, der erkennt, daß die Landeshauptstadt aus vielen verschiedenen Bausteinen besteht, zwischen die sich Weinberge und Parks hineingeschoben haben. Längst aber reichen die begehrten Hänge des Talkessels nicht mehr für den Wohnungsbau aus. Stuttgart schwappt über und hat längst die Fildern erreicht. Vom überragenden Fernsehturm, dem Wahrzeichen der Stadt, genießt der Besucher den besten Ausblick. Wunderbare Einblicke in die Welt der tropischen Pflanzen und exotischen Tiere bietet die Wilhelma. Stuttgart ist also längst über einen Stuten-Garten hinausgewachsen.

Den Boom verdankt es fürstlicher Willkür, was die Cannstatter immer noch nicht ganz verschmerzt haben. Denn Cannstatt, verkehrsgünstig am Neckar gelegen, empfindet sich als eigentliches schwäbisches Herz und «Schtuegert» bloß als «Residenzle». Man sollte einmal das Volksfest auf dem Cannstatter Wasen besuchen – das an Besucherzahlen sogar die Münchner «Wies'n» aussticht! –, um zu erkennen, wo der «Bartl den Moscht» (und das Bier) holt.

Die Lebensader des Schwabenlandes ist der Neckar, und als seine kleineren Geschwister sorgen Rems und Fils aus Osten sowie die Enz aus dem Schwarzwald für Frischwasserzufuhr.

Von Aalen über Schwäbisch Gmünd, Schorndorf und Fellbach durchfließt die Rems bis zu ihrer Mündung in den Neckar nördlich von Waiblingen das urschwäbische Kernland, wo die Pfleiderers und Pfefferles zuhause sind und – 1921 in Wüstenrot im Schwäbischen Wald – die erste Bausparkasse für die «Häuslesbauer» gegründet wurde.

Wie im Remstal reiht sich auch im Filstal zwischen Göppingen und Plochingen ein Betrieb an den anderen, und im Stuttgarter Süden und Norden dominiert die Industrie mit zum Teil hochkarätigen Adressen. Attraktive Ansichten und historisch gewachsene Altstädte aber kennt auch der Mittlere Neckarraum. Besonders mittelalterlich wirkt Esslingen am Neckar vom Dicken Turm auf der Stauferburg aus. Ludwigsburgs «Blühender Barock» strahlt die feudale Pracht einer fürstlichen Schloßfassade aus: das Anfang des 18. Jahrhunderts errichtete Schloß ist die größte Barockanlage Deutschlands, seine Parks sind ein anziehender Augenschmaus. Nur zwei Neckarschleifen weiter sind es von Ludwigsburg bis nach Marbach, dem Geburtsort von Friedrich Schiller.

Wer dem Neckar flußaufwärts entlang der Schwäbischen Dichterstraße folgt, erreicht die kurz vor der Alb gelegene Universitätsstadt Tübingen, die ja zum Inbegriff schwäbischen Geistes geworden ist. Von der Platanenallee am rechten Neckarufer aus liegt der ockerfarbene Hölderlinturm vor der steil ansteigenden Häuserfront mit dem Stift im Blick, das wegen seiner Schüler Kepler, Hegel, Mörike, Hauff, Hölderlin und Hesse weltberühmt ist. Und als Krönung überragt Schloß Hohentübingen die imposante Kulisse.

Weniger angenehme Assoziationen rufen die Namen Hohenasperg und Stammheim hervor. Beide Orte liegen nördlich Stuttgarts und waren bzw. sind berühmt-berüchtigte Festungen. Auf dem Hohenasperg schmachteten im 18. Jahrhundert so prominente Gefangene wie der Musiker Christian Daniel Schubart, und Stammheim hat es in den siebziger und achtziger Jahren unseres Jahrhunderts durch die Terroristenprozesse zu zweifelhafter Bekanntheit gebracht.

Hohenloher Ebene, Taubergrund, Maintal und Madonnenländchen: Fundgrube für stille Genießer

Stellt sich der Großraum Stuttgart als eine Art Schatzkammer des Industriezeitalters dar, so wirkt der Nordosten Baden-Württembergs eher als Fundgrube verflossener Jahrhunderte. So stößt beispielsweise ein Besuch der Freilichtspiele in der traditionsbewußten Salzstadt Schwäbisch Hall keinem Theaterfreund sauer auf, und der Ritter mit der eisernen Faust, Götz von Berlichingen, steht bei den Festspielen in der Götzenburg von Jagsthausen allsommerlich im Rampenlicht.

Der Haller Marktplatz bietet dicht am Kocherufer eine der schönsten mittelalterlichen Kulissen Deutschlands. Diese Stadt mit ihren prächtigen Bürger- und Fachwerkhäusern, den wuchtigen Wehrtürmen und der ausladenden Freitreppe vor St. Michael war einst so bedeutend, daß eine hier geprägte Münze – der «Häller» – ein in ganz Deutschland akzeptiertes Wertzeichen war und als verbindliche Währung galt: die Haller Salzsieder und Kaufleute waren reich, auf Heller und Pfennig. Bürgerstolz prägt das Stadtbild erfreulicherweise auch in unseren Tagen, und Traditionsbewußtsein wird beim Siedertanz auf dem «Grasbödele» quicklebendig.

Schroff haben sich Kocher und Jagst in die Hohenloher Ebene hineingesägt, doch an ihren Ufern liegen idyllisch anmutende Städtchen und Dörfer. Dieser sich fränkisch verstehende Landesteil von Baden-Württemberg ist aber auch lohnendes Ziel einer Kunst- und Burgenfahrt. Wer mit offenen Augen die stillen Landschaften durchstreift, wird immer wieder auf Bildstöcke und liebevoll verzierte Hausfassaden stoßen – Zeugnisse einer unspektakulären, bäuerlichen Kulturtradition. Doch zu besichtigen gibt es in Hohenlohe und an der Tauber auch weltberühmte Schätze: die Stuppacher Madonna von Grünewald und der Creglinger Altar von Tilman Riemenschneider. Sehenswert ist natürlich auch der prunkvolle Bau des Schlosses Weikersheim mit der geschnitzten Kassettendecke im Rittersaal, und historisch Interessierte geraten angesichts der Langenburg – dort gibt's auch Oldtimer – und der romantischen Ortsbilder von Künzelsau oder Forchtenberg ins Schwärmen.

Hier lebt ein anderer, lockerer und vorwitzigerer Menschenschlag als im puritanisch-pietistisch geprägten Württemberger Kernland. Und je näher man sich durchs Taubertal dem Main nähert, desto spürbarer wird im Madonnenländchen fränkische Pfiffigkeit und Schlagfertigkeit. Zentraler Ort des Taubergrundes ist Tauberbischofsheim mit seinem hohen Türmersturm aus Kurmainzer Zeiten. Heute werden hier andere Sträuße ausgefochten: die «Bischemer Buwe un Mädle» haben nicht nur eine spitze Zunge, sondern vor allem scharfe Klingen, die sie zu den erfolgreichsten deutschen Sportlern werden ließen. Beck – Becker – Beckenbauer: diese Namen haben in der Sportwelt einen besonders guten Klang – und zwei davon stammen aus Baden-Württemberg.

Ganz im Norden seines Gebietes erreicht Baden-Württemberg sogar den aus bayerischer Sicht so trennenden Weißwurstäquator, wie der Main in München heißt. Weißwürste aber sucht man in Wertheim vergebens. Stattdessen wird dort der Freund trockener Frankenweine und der Liebhaber stiller Fachwerkromantik fündig.

Unteres Neckartal, Odenwald, Bergstraße und Kraichgau: von herb bis lieblich

Zwischen den Industrierevieren von Heilbronn und Mannheim bildet der Lauf des Unteren Neckars eine der bezauberndsten deutschen Flußtäler. Man könnte sich die Lorelei genauso gut hier – wie wär's mit dem Hornberg über Neckarzimmern? – vorstellen, und zweifellos wären die Neckarschiffer bei solchen Sirenenklängen in den engen Windungen auch ganz schön ins Schlingern geraten. Doch bekanntlich ist es anders gekommen, Heine sei Dank. Und so schwärmen die Touristen eben vom Mittleren Rheintal zwischen Bingen und dem Drachenfelsen und lassen das mindestens ebenso romantische Neckartal zwischen Bad Wimpfen und Neckargemünd (relativ) links liegen. Was für ein Glück! So können wir uns auf eine einigermaßen ruhige Entdeckungsfahrt begeben zu mittelalterlichen Burgen hoch über dem Neckar, wobei Burg Hornberg, Burg Zwingenberg, vor allem aber die vier Burgen von Neckarsteinach – schon am hessischen Ufer gelegen – lohnende Ziele sind.

Romantische Städtchen gibt's am Neckar ebenfalls in großer Zahl. Die schönsten Fachwerkbauten finden sich in Mosbach, die eindrucksvollsten Türme und Giebel in Bad Wimpfen.

Doch natürlich werden all diese sehenswerten Orte von einer Stadt in den Schatten gestellt: angesichts des Heidelberger Schlosses geraten nicht nur amerikanische und japanische Touristen ins Schwärmen. Für sie ist die alte Universitätsstadt am Neckar ähnlich wie Rothenburg, Nürnbergs Burg und die Stolzenfels am Mittelrhein die Verkörperung der deutschen Romantik. So bewundern sie die prächtigen Renaissancefassade am Ottheinrichsbau und genießen vom Schloßaltan den Rundblick übers Neckartal und über verschachtelte Heidelberger Dachlandschaften. Weit weniger Andrang herrscht auf der anderen Neckarseite, die der Spaziergänger bequem über die Alte Brücke erreichen kann. Von dort führen steile Treppen durch Gärten hinauf zum Philosophenweg, der eine ganz besonders reizvolle Aussichtsplattform darstellt. Auf dem Neckar ziehen Ausflugsschiffe und Frachtkähne ihre Bahn, hinter der Alten Brücke ragen die Heiliggeistkirche und darüber die überwältigende Fassade des Schlosses auf, das als größte deutsche Ruine von alljährlich drei Millionen Touristen aus aller Welt überflutet wird. Es liegt am bewaldeten Nordhang des Königstuhls, auf den eine

Bergbahn hinaufführt. Bei klarer Sicht sind vom Fernsehturm auf der Bergspitze wirklich königliche Blicke bis zur Rheinebene und über den Odenwald möglich. Kein Wunder, daß viele Generationen von Studenten und Besuchern ihr Herz in oder an Heidelberg verloren haben.

Beste Aussichten über die Bergstraße, die nördlich von Heidelberg beginnt und sich entlang der Odenwald-Westflanke bis nach Darmstadt in Hessen erstreckt, bietet ein Besuch der Windeck oder Wachenburg oberhalb von Weinheim. Klimatisch ist die Bergstraße ebenso begünstigt wie der Kaiserstuhl. Und so kann man sich im äußersten Nordwestzipfel von Baden-Württemberg über Blütenträume schon zu einer Zeit freuen, in der die anderen deutschen Landschaften noch im Winterschlaf erstarrt scheinen.

Einzigartig in Deutschland ist der Weinheimer Exotenpark: in dieser Gartenanlage des Grafen von Berckheim gedeihen Bäume aus aller Welt, so eine riesige Mammutbaumgruppe und eine gewaltige Libanon-Zeder.

Die südlich-süßliche Bergstraße hat mit dem rauhen, herben Odenwald eine historische Verbindung, die gleichermaßen die ungleichen Verwandten Heidelberg und Mannheim prägt: eine gemeinsame Kurpfälzer Vergangenheit. Man braucht nur einmal eine vor Fröhlichkeit und Ausgelassenheit fast überbordende Kerwe – wie die Volksfeste auch rechtsrheinisch heißen – auf sich wirken zu lassen, um den lockeren Pfälzer Einschlag zu verspüren und die Unterschiede zur badischen Ernsthaftigkeit zu erkennen.

Die Quadratstadt Mannheim ist als zweitgrößtes Zentrum Baden-Württembergs ein Platz voller Widersprüche: auf der einen Seite wird «Mannem» geprägt von Chemiegiganten und dem (rechnet man die Kais in Ludwigshafen dazu) größten europäischen Binnenhafen; auf der anderen Seite können wir das weitläufigste deutsche Schloß, einen Wasserturm als Wahrzeichen und ein außergewöhnliches kulturelles Angebot bewundern. Nicht von ungefähr fand im Mannheimer Nationaltheater 1782 die Uraufführung von Schillers «Räubern» statt. Denn die damalige Residenzstadt Mannheim war von liberalem Geist geprägt und ein Anziehungspunkt europäischer Künstler.

Wer aber heute von Mannheim spricht, denkt eher an Umweltprobleme und die Grenzen des ökonomischen Wachstums. Und dabei gedeiht doch nur wenige Kilometer weiter südlich ein herausragendes Gemüse, dem man unbeschränkte Genießbarkeit wünschen mag: die berühmten Schwetzinger Spargel. Sie stechen bei Feinschmeckern sogar die Parkanlagen des Schwetzinger Schlosses aus, dessen Festspiele im Rokokotheater sich wiederum die Kunstfreunde auf der Zunge zergehen lassen.

Schwetzingen ist wie Philippsburg und Karlsruhe schon in die Oberrheinische Tiefebene eingebettet, deren östliche Begrenzung nördlich des Nordschwarzwaldes der sanft gewellte, fruchtbare Kraichgau darstellt. Dieses heute eher im Windschatten liegende Bauernland war im Mittelalter eine bedeutende europäische Verkehrsdrehscheibe und stellte eine Landbrücke zwischen dem Rheingau und Franken dar. Diese historische Situation tritt gegenwärtig – trotz der Autobahnen Karlsruhe–München und Mannheim–Heilbronn–Nürnberg – nicht mehr so in den Vordergrund. Stattdessen röhren die Motoren auf dem Hockenheimring, und manche Zuschauer drehen durch.

Als Drehscheibe ganz besonderer Art kristallisierte sich die badische Residenz Karlsruhe unter der Herrschaft von Markgraf Karl Wilhelm heraus. Der beschloß nämlich 1715 den Umzug seines Hofstaates von Durlach in den Hardtwald. Allerdings mußte zuvor noch ein Schloß gebaut werden – für den absolut denkenden Baumeister willkommener Anlaß, sich im Glanz der Sonne widerzuspiegeln und seine Prunkanlage zum Zentrum eines strahlenförmig angelegten Straßenkreuzes zu machen. Aus der Luft wirkt die großherzogliche Residenz wie ein überdimensionaler Fächer – und Karlsruhe, der Ruhesitz, hatte seinen Namen als Fächerstadt weg.

Oberschwaben Donautal

Seite 157:
Barocke Pracht birgt das Treppenhaus des Bad Wurzacher Schlosses – in einer Fülle, die man hinter der eher geradlinigen Fassade nicht vermutet hätte.

Seite 158:
Die Barock-Basilika des Domes in Weingarten gilt als die größte nördlich der Alpen. «Putzete» zählt zum Alltag.

Seite 159:
Morgenstimmung bei Bad Buchau am Federsee: fast unberührt wirkt das topfebene Naturschutzgebiet zu früher Stunde.

Seite 160:
Skulpturen inmitten einer verzauberten Landschaft kann man an einem klaren Morgen bei Bad Buchau erleben: der Skulpturenpark vor den Toren der Stadt ist die Hinterlassenschaft eines Wettbewerbs.
Der Bussen ist mit seinen 767 Metern eine der höchsten Erhebungen in Oberschwaben. Wegen seiner Marienwallfahrten wird er auch der «Heilige Berg Schwabens» genannt.

Seite 161:
Abendstimmung in Biberach. Die alte Reichsstadt an der Riß besitzt eine noch intakte historische Altstadt.

Seiten 162/163:
Bei Isny hat das Land Baden-Württemberg mit dem Allgäu auch Anteil am reizvollen Formenschatz der Voralpenlandschaft.

Seite 164 oben links:
In Ravensburg wurde vor etwa 600 Jahren so etwas wie eine süddeutsche Hanse gegründet: die Große Ravensburger Handelsgesellschaft. Heute ist es vor allem der Wochenmarkt, der das Zentrum mit Leben erfüllt.

Oben rechts:
Der Obstanbau ist heute in Oberschwaben der augenfälligste Nutzen, den die Region aus der Nähe zum Bodensee und dessen günstigem Einfluß auf das Klima zieht.

Unten:
Mit dem Hopfenanbau bei Tettnang ist eine Sonderkultur in Oberschwaben ansässig, die Basis für zahlreiche Brauereien im Lande liefert.

Seite 165 oben links:
Die Altstadt von Wangen trägt schon deutlich die Züge alpenländischer Regionen.

Oben rechts:
Als Biberach 1398 freie Reichsstadt wurde, war der Ort durch blühende Leinen- und Baumwollweberei geprägt. Heute haben viele der gut erhaltenen alten Gebäude eine moderne Funktion übernommen.

Seite 165 unten links:
Das historische Städtchen Pfullendorf wurde 1383 freie Reichsstadt. Heute ist der Ort an der Schwäbischen Dichterstraße ein schmukker Luftkurort.

Unten rechts:
Altes und neues Rathaus in Biberach sind durch einen modernen Glasbau miteinander verbunden.

Seiten 166/167:
Sigmaringen mit seinem die Stadt überragenden Schloß markiert den Übergang Oberschwabens zur Schwäbischen Alb. Wer von hier aus dem Donau-Ursprung entgegen fährt, durchreist den wohl markantesten Teil des Donautals zwischen Bach und Strom.

Seite 168:
Der Musikerbrunnen, der ein ganzes Wasserspiel-Orchester beschäftigt, erfreut die Ratsherren von Donaueschingen, wenn sie aus dem Rathaus blicken.

Wie eine Minipyramide ist die aus rotem Sandstein errichtete Gruft des Stadtgründers Karl Wilhelm gestaltet, die auf dem von klassizistischen Weinbrenner-Gebäuden umrahmten Marktplatz ein besonderer Blickfang der Universitätsstadt ist. Hauptstädtische Funktionen darf Karlsruhe zwar seit 1952 im vereinten Bundesland nicht mehr ausüben, doch zum Trost kann sich die drittgrößte baden-württembergische Stadt als «Residenz des Rechts» bezeichnen: der Bundesgerichtshof und das Bundesverfassungsgericht amtieren hier letztinstanzlich.

Übrigens kann man auch dem Biedermeier im Kraichgau nachspüren. Hinter diesem Wesen verbirgt sich der Dorfschulmeister Samuel Friedrich Sauter aus Flehingen, der Anfang des 19. Jahrhunderts naiv-anrührende Alltagsgedichte verfaßte. Freunde gaben mit leicht spöttischem Unterton Sauters Verse als «Buch Biedermeier» heraus und nahmen damit eine (spieß-)bürgerliche Moral aufs Korn.

Nördlicher Schwarzwald: sagenhafte Wälder

Der Schwarzwald ist das größte Waldgebirge Deutschlands. Was dies bedeutet, wird vor allem im Nordschwarzwald sichtbar: unermeßlich scheinende Nadelwälder versperren den freien Blick zum Himmel. Dafür haben die Wanderer, Gourmets und «Luftschnapper» (so hießen die vor hundert Jahren anrückenden ersten Touristen bei den Einheimischen) himmlische Aussichten angesichts hervorragend markierter Wege, ausgezeichneter Gastronomie und einer Vielzahl von Bädern oder heilklimatischen Kurorten.

Im Norden bildet Pforzheim am Zusammenfluß von Nagold und Enz die Schwarzwald-Pforte. Wie Mannheim wurde auch Pforzheim im Zweiten Weltkrieg schwer zerstört, und so hat die einstige badische Residenzstadt heute ein modernes Gepräge. Ihr glänzendes Image verdankt sie der traditionsreichen Schmuckwarenindustrie: im berühmten Schmuckmuseum bekommen die Goldsucher große Augen. Dieses Museum mit seinen ausgezeichneten Kreationen in vielen Stilrichtungen ist im Reuchlinhaus beheimatet: der Name erinnert an den berühmten Pforzheimer Humanisten, der auf geistigem Gebiet ebenso findig war wie die Goldschmiede auf dem ihres Handwerks.

Das nicht weit entfernte, im Nagoldtal liegende Calw («Kalb» gesprochen) zeigt sich dagegen von seiner schönsten Fachwerkseite, wie besonders der Blick von der alten Nagoldbrücke aus zeigt. Hermann Hesse wurde in Calw 1877 geboren, doch fanden er und seine Schwarzwälder Zeitgenossen nie so richtig zueinander. Eine Gedenkstube aber haben die Calwer dem weltberühmten Dichter trotzdem eingerichtet.

Freudenstadt bildet das touristische Zentrum des Nordschwarzwaldes – und sein arkadengesäumter Marktplatz hat mit einer Grundfläche von viereinhalb Hektaren großstädtische Dimensionen. Im 17. Jahrhundert fanden die Bergleute zwischen Murg und Kinzig Silber. Ganz andere Schätze können die Sommerfrischler in Freudenstadt und den vielen anderen gastlichen Orten des Nordschwarzwaldes jetzt erhoffen: Entfaltungsmöglichkeiten in einer grünen Natur, die – zumindest auf den ersten Blick – als intakte Idylle wirkt.

Wohlbehagen, Wohlstand und Lebensqualität; dies sind die Markenzeichen von Baden-Baden, das ja nicht nur Namensgeber eines Landesteils, sondern sicherlich auch das bekannteste Bad Deutschlands von weltweitem Ruf ist. Schon die Römer aalten sich in den von ihnen nutzbar gemachten Thermalquellen. Im 19. Jahrhundert wurde aus ihrem «Aquae Aureliae» nach langer mittelalterlicher Durststrecke ein europäisches Modebad: gekrönte Häupter, Dichterfürsten und musikalische Imperatoren gaben sich in den feudalen Hotelpalästen an der Oos die Klinke in die Hand und in den wunderschönen Parkanlagen längs der Lichtentaler Allee ein Stelldichein. Das Kurviertel mit seiner berühmten Spielbank und der Trinkhalle strahlt klassizistische Gradlinigkeit und Gediegenheit aus, und in den modernen Caracalla-Thermen kann man auf die angenehmste Weise baden gehen. Wie harmonisch sich Baden-Baden in das sanfte Tal der Oos schmiegt, wird von mehreren Aussichtspunkten aus erkennbar: vom Renaissancepalast des Neuen Schlosses, und weiter noch von der mächtigen Ruine der Burg Hohenbaden. Dort liegen auch die Battert-Felsengärten in Reichweite, an deren senkrechten Wänden sich die Bergsteiger emporhangeln.

Der Ausblick von diesen Felszähnen ist genauso sagenhaft wie der sonntägliche Ansturm am Mummelsee. Da vertiefen wir uns lieber in Moor- und Walderkundungen abseits des Gedränges.

Oberrheinische Tiefebene: Ortenau, Breisgau, Kaiserstuhl und Markgräflerland

Die Rheinebene zwischen Bingen und Basel war zu allen Zeiten eine der wichtigsten europäischen Verkehrsverbindungen. Daran hat sich auch in unseren Tagen nichts geändert. Unendliche Autoströme wälzen sich auf der Autobahn in Richtung Burgundische Pforte und Mittelmeer oder zu den deutschen Industrieballungsräumen sowie Richtung Nordsee. Nach Tullas epochaler Rheinkorrektion hat der deutsche Schicksalsstrom ein völlig anderes Aussehen als in seiner Sturm- und Drangzeit angenommen. Der Rhein stellt sich zusammen mit dem Rheinseitenkanal als bedeutendste europäische Wasserstraße dar. Die Schiffszüge aber können mit Blick auf die sich beidseits entwickelnden Industriezonen den Umweltschützern ganz gehörig aufs Gemüt gehen. Immer mehr Altrheinidylle ist bedroht, immer mehr natürliche Grundlagen werden zubetoniert und chemisch präpariert.

Die einst von Riesenüberschwemmungen bedrohte Rheinebene galt in früheren Jahrhunderten nicht als besonders anziehendes Siedlungsgebiet. Die Menschen ließen sich stattdessen an den sanft abfallenden Westhängen in der Schwarzwald-Vorbergzone, am Kaiserstuhl und Tuniberg nieder. So findet der Besucher bis heute – wie Perlen auf einer Schnur aufgereiht – entlang des Schwarzwaldes von Nord nach Süd einen schmucken Fachwerkort nach dem anderen: Gernsbach und Gengenbach strahlen reichsstädtische Stabilität aus, Sasbachwalden und Kappelrodeck den fruchtbaren Charme Ortenauer Weindörfer. Ansehnlich haben sich auch Lahr und Ettenheim, Kenzingen und Emmendingen, Endingen und Burkheim, Breisach und Ihringen, Staufen und Sulzburg herausgeputzt. All diese Orte zählen zum alten Siedlungsgebiet an den Hängen des Oberrheingrabens und sind zumeist mit guten Weinlagen und einfühlsam renovierten Altstädten geschmückt.

Breisach, die Münsterstadt, ist Namenspatron des Breisgaus. Doch Freiburg, die neben Heidelberg und Tübingen bedeutendste Universitätsstadt von Baden-Württemberg, hat dem von Kriegswirren arg gebeutelten Breisach längst den Rang als kulturelles, politisches und wirtschaftliches Zentrum am südlichen Oberrhein abgelaufen. Daß Freiburg «Spitze» ist, zeigt besonders das Münster: die filigran durchbrochene Helmpyramide des Münsterturms ist ein in ganz Europa einzigartiges Meisterwerk gotischer Steinmetzkunst. Man braucht nur die wenigen Schritte aus der sehr wohnlichen Freiburger Altstadt in die Schwarzwaldausläufer des Schloßbergs zu spazieren, um zu verstehen, daß der fast die Gesetze der Statik und Schwerkraft zu durchbrechen scheinende Münsterturm als «schönster Turm der Christenheit» empfunden wurde und überragendes Wahrzeichen der «Schwarzwaldhauptstadt Freiburg» ist. Fast genauso bekannt und vielleicht sogar noch auffälliger als die Münster-Schatzkammer aber sind die Freiburger «Bächle». Die plätschern seit dem Mittelalter durch die Gassen der Innenstadt, und einem Gerücht zufolge ist noch nie ein einheimischer «Bobbele» in sie «hineingedabbt». Doch für (auswärtige?) Weinfestbesucher können sich die «Bächle» durchaus als Stolperfallen erweisen, wenn sie zu viele trockene «Viertele gesürpfelt» haben und sich auf dem Heimweg nasse Füße holen. Wie fruchtbar der Breisgau ist, welch aromatische Produkte im Schwarzwald reifen, zeigt sich Tag für Tag auf dem Markt rund ums Sandsteinmünster. Die fast südländische Atmosphäre aber drückt sich nicht nur in den Kaiserstühler Krachern, den Spargeln vom Tuniberg, den Buchholzer Erdbeeren, Brokkoli aus Emmendingen und farbenprächtigen Blumensträußen aus, sondern beweist auch der Blick auf die vollbesetzten Stühle der Eisdielen, Weinstuben und Restaurants: der Münsterplatz ist Freiburgs gute Stube und ein gepflasterter Laufsteg für die unterschiedlichsten Geschmäcker.

Trotz seiner annähernd 200000 Einwohner empfinden nur die wenigsten Freiburger ihre Heimat als richtige Großstadt. Abseits endloser Autokolonnen, die sich durch Freiburg ins Höllental quälen – die Ebneter empfinden die Verkehrsströme zu Recht als Fegefeuer –, sind viele Freiburger Stadtteile eher beschaulich und mit der nahen Natur verbunden. Kein Wunder, daß das kulturell wie kulinarisch so gehaltvolle Freiburg nicht nur bei Studenten hoch im Kurs steht, sondern auch einer der bevorzugten Altersruhesitze Deutschlands ist. Gründerzeitvillen in der Wiehre und Herdern, prächtige Häuser an bevorzugter Lage, zeigen die Richtung und das Niveau. Und angesichts der wunderbaren, abwechslungsreichen Umgebung zwischen Rhein, Kaiserstuhl und Schwarzwald haben viele Freiburger eine sehr innige Beziehung zur Natur. Ihre Stadt gilt wohl zu Recht als eines der ökologischen Zentren Deutschlands. So darf sich Freiburg wenigstens in dieser überaus wichtigen Frage großstädtischer Ausstrahlung rühmen.

Daß am Oberrhein der Süden und Südwesten Europas näher vor der Haustür liegen als sonstwo in Deutschland und aufs Lebensgefühl inspirierend wirken, wird an einem Frühlingstag am Kaiserstuhl oder im Markgräflerland mit allen Sinnen spürbar. Die Kirschblüte zwischen Endingen und Sasbach am nördlichen Kaiserstuhl weckt bei einer Fahrradtour die Lebensgeister, und das Panorama von der Aussichtsterrasse des Schlosses Bürgeln im Markgräflerland mit den im Obereggener Tal weiß blühenden Kirschbäumen kann man nicht anders als berauschend nennen.

Nur ein Katzensprung ist es von dort bis nach Badenweiler, dessen thermale Ursprünge natürlich auch auf die Römer zurückgehen. Wer zur Badenweiler Burgruine hinaufspaziert, hat die gepflegte Parklandschaft des Kurviertels mit dem futuristischen Glaspalast des Markgrafenbades im Blickfeld, aber auch die dunkel schimmernden Tannenwälder des Blauen.

Mittlerer und Südlicher Schwarzwald: Pilgerziele im Wald

Das Kinzigtal ist ein nicht nur geographisch tiefer Einschnitt in den Schwarzwald. Kein Wunder, daß schon römische Pfad-Finder sich die Kinzig flußaufwärts entlangtasteten, und die 1873 fertiggestellte Schwarzwaldbahn kann als durchaus bahnbrechende Ingenieurleistung bewundert werden. In kühnen Windungen, Kehrschleifen, Tunnels und über Viadukte führt sie von Offenburg durch Hornberg, Triberg und Sankt Georgen nach Villingen, Donaueschingen und ins Neckargebiet. Eine ebenso große Pionierleistung stellt die ebenfalls 1873 eröffnete Höllentalbahn zwischen Freiburg und Neustadt dar, die zur Jahrhundertwende bis zur Baar reichte. Kinzig- und Höllental markieren also die natürlichen Trennlinien von Nördlichem, Mittlerem und Südlichem Schwarzwald.

Mit beachtlichen 937 Metern über dem Meeresspiegel überragt der Bahnhof Feldberg-Bärensee alle anderen deutschen Stationen. Und auf der «Sauschwänzlebahn» hat auf nostalgischen Vergnügungsfahrten schon mancher Dampflokfan tierisches Vergnügen empfunden, wenn er bei Blumberg in dunkle Tunnelschleifen eingetaucht ist.

Wer wissen will, was die Stunde geschlagen hat, sollte in Furtwangen mit der Zeit gehen und sich im Uhrenmuseum den Vogel, sprich: den Kuckuck zeigen lassen. Ein sehenswertes Museum bietet auch Waldkirch am Fuß des Kandels: die Tradition des Orgelbaus hat im Elztal zu klingender Münze geführt – und wer sich in die Besuchermassen des durchaus faszinierenden Europaparks Rust einreiht, der erfährt auf der Schweizer Bobbahn und in exotischen Kunstwelten die Dynamik und Perfektion Schwarzwälder Handwerkskunst, heutzutage natürlich elektrisch verstärkt und computergesteuert. So wurden aus Elztäler Orgelbauern Freizeitexperten, deren Attraktionen Disneyland erahnen lassen.

Vergangene Handwerkstechniken und bäuerliche Traditionen werden im Freilichtmuseum Vogtsbauernhof im Gutachtal sichtbar. Aus dieser Gegend stammt der Bollenhut, das eindeutige «I-Tüpfeli» jeglicher Schwarzwaldwerbung. Eigentlich aber dürften dieses weltberühmte Markenzeichen nur die Gutacher und Kirnbacher Frauen tragen. Traditionell weisen rote Bollen auf unverheiratete und schwarze Bollen auf verheiratete Frauen hin.

Im televisionären Zeitalter aber haben die «Schwarzwaldmaidli» Konkurrenz bekommen: die international ausgestrahlte Seifenoper «Schwarzwaldklinik» zeigt messerscharf, wes Geistes Kind wir sind. Und die Diagnose ist sonnenklar: Liebe, Lust und Leid in heiler Schwarzwald-Natur entsprechen dem Zeitgeist.

Die Schwarzwaldklinik im Glottertal ist zum modernen Pilgerziel geworden. Frühere Gläubige mußten sich noch einige Kilometer weiter auf eine Schwarzwaldhochfläche bemühen, um im Kloster St. Peter Erbauung, Frieden und Seelenheil zu finden. Die herrliche Barockkirche von St. Peter – Baumeister: Peter Thumb – ist zweifellos eines der lohnendsten Kunstziele im ganzen Schwarzwald. An Größe wird sie allerdings vom klassizistischen Dom St. Blasien übertroffen. Mit imposanten 33 Metern Spannweite zählt die dem römischen Pantheon nachempfundene Klosterkirche zu den gewaltigsten Kuppelbauten Europas: St. Blasien – eine Beherrscherin des Südlichen Schwarzwaldes und Hotzenwaldes.

In touristischer Hinsicht gilt dies für Hinterzarten, gelegen auf einem weiten Hochplateau zwischen Höllental, Titisee, Thurner und Feldberg. Schon diese Aufzählung macht die Freizeit-Entfaltungsmöglichkeiten zu allen vier Jahreszeiten deutlich. Nicht erst seit Jörgl und Dieter Thoma können Urlauber in Hinterzarten große Sprünge machen.

Wassersportfreunde finden auf dem Titisee und Schluchsee passable Reviere, und wer wandert, weiß, daß der Hochschwarzwald seinen Namen zu Recht trägt. Insgesamt hat der Schwarzwaldverein 23000 Kilometer Wanderwege ausgeschildert. Und weil wir schon bei Superlativen sind: obwohl der Schwarzwald ein wahres Loipenparadies darstellt, kommen doch auch die Abfahrer in Schwung. So lange Pisten wie am Feldberg und Herzogenhorn werden in deutschen Mittelgebirgen kein zweites Mal geboten. Immerhin drei Kilometer lang ist die Hebelwiesenabfahrt, eine Piste von nahezu alpinen Dimensionen.

Wer Bernau, Höchenschwand oder die wunderbaren Aussichtsberge des Hochschwarzwaldes und Hotzenwaldes erwandert, hat hinter dem zur Winterszeit regelmäßig vernebelten Hochrheintal oft die gezackte Alpenkette im Blick. Dieses grandiose Panorama zählt zweifellos zu den Höhepunkten Baden-Württembergs.

Der Maler Hans Thoma hat in Bernau seine Landschaften und damit sein künstlerisches Stimulans gehabt; für den Heimatschriftsteller Johann Peter Hebel bildete das

Wiesental und der Belchen eine beruhigende Fundgrube literarischen Schaffens; Viktor von Scheffel brachte mit seinem «Trompeter von Säckingen» die Hochrheinstadt ins Ohr. Dort, ganz im tiefsten Süden Deutschlands, zeigt nicht nur die längste Holzbrükke Deutschlands die auf gutnachbarschaftlichen Fundamenten ruhende Verbindung mit der Schweiz.

Der Hochrhein war, ebenso wie der Oberrhein, im Lauf seiner Geschichte zwischen den Nordschweizer, Elsässer und Badener Alemannen immer mehr Reißverschluß als Trennungslinie. Schließlich sprechen sie ja mit einer Zunge, auch wenn Mark Twain die ihm unverständlichen Laute als «Rabengekrächs» definierte.

Hegau, Baar und Bodensee: besondere Kulturen

Alemannisch ist in mancherlei Variationen auch rund um den Bodensee das verbindende Sprach- und Kulturelement. Und die alemannische Fasnacht trägt – jedenfalls auf der südwestdeutschen Seite – ebenso zur Verschwisterung und Verbrüderung bei. Besonders elementar entfaltet sich die Fasnachtstradition bei den Elzacher Schuddig im Elztal, beim Narrensprung in der malerischen Reichsstadt Rottweil hoch über dem Steilabfall des Oberen Neckars, in der badisch-schwäbischen Doppelstadt Villingen-Schwenningen mit dem doppeldeutigen Schantle aus Schwenningen und dem majestätischen Narro aus Villingen, aber auch beim Schwertletanz am Überlinger Bodenseeufer mit den Hänsele.

In der fünften Jahreszeit haben die Narren Hauptsaison, und von Mai bis Oktober geben die Touristen das Bodenseeufer nicht aus der Hand. Neben dem Schwarzwald ist der Bodensee das zweite große Reiseziel Baden-Württembergs mit einer hervorragenden Angebotspalette und Infrastruktur für Urlauber und Ausflügler. Letztere fallen an den Wochenenden allerdings manchmal wie Heuschreckenschwärme aus dem Neckarraum ein, seit die Autobahn Stuttgart – Singen fertiggestellt ist. Dabei gibt es doch auch unterwegs, in der Baar und im Hegau, reizvolle Ziele, traditionsreiche Städte. Ein besonders farbiges Stadtbild zeichnet die alte Reichsstadt Rottweil aus, die hoch über dem Neckarufer erbaut ist und eine Fülle von Sehenswürdigkeiten besitzt – vom gotischen Heiligkreuz-Münster übers Salzmuseum bis zu römischen Thermen. Im Stadtmuseum kann sogar das aus 576000 Steinchen zusammengesetzte «Orpheus-Mosaik» bewundert werden, Hinweis auf die Bedeutung des einstigen Arae Flaviae.

Nicht die Römer, sondern die Zähringer haben Villingen zum Zentrum gestaltet. Das mittelalterliche Straßenkreuz hat mit den Ringmauern und den drei Stadttoren die Jahrhunderte nahezu unverändert überstanden. Wahrzeichen der schmucken Stadt am Ostrand des hier sanft in die Baar übergehenden Schwarzwaldes ist das frühgotische Liebfrauen-Münster mit zwei ungleichen Türmen. Die Nachbarstadt Schwenningen blickt weniger in die Vergangenheit als in die industrielle Zukunft. Beste Perspektiven erhoffen sich nicht nur weltberühmte Uhrenhersteller, sondern auch die Cracks des Eishockey-Bundesligisten. Im Fernsehen werden sie zumeist als Schwarzwälder bezeichnet, wo doch Schwenningen unübersehbar in der Baar liegt und vom Moos, dem Neckarursprung, geprägt ist.

Vulkanschlote verleihen dem sich südlich anschließenden Hegau ein bizarres Aussehen. Abgesehen von Engen, dem ansehnlich renovierten Städtchen, gibt es in dieser stillen, sanften Landschaft ein besonders spektakulär liegendes Baudenkmal: die Festung Hohentwiel hoch über Singen. Immer noch lassen sich beim Gang durch die größte Burgruine Deutschlands die Dimensionen der Bastionen nachvollziehen, von deren Trümmern der Besucher jetzt einen grandiosen Rundblick zu den Hegauvulkanen, zum Bodensee und bei guter Sicht auch zu den Alpengipfeln hat.

Der Bodensee ist nicht nur der bei weitem größte deutsche See (in Europa rangiert er auf Platz drei), sondern mit einer Wassermenge von 50 Milliarden Kubikmetern der bedeutendste Wärmespeicher nördlich der Alpen. Vom Klima profitieren die sonnenhungrigen Besucherscharen und Wassersportler, die Gemüsebauern auf der Reichenau, die Meersburger Winzer und der gräfliche Obergärtner Lennart Bernadotte auf seinem wunderbaren Mainau-Paradies. Die Mainau hat von April bis Oktober Hauptsaison. Sie stellt ein gehegtes und gepflegtes Ausflugsziel mit einem für Mitteleuropa einzigartigen exotischen Flair dar: faszinierend die Fülle tropischer Gewächse, ein optischer Augenschmaus die farblich abgestimmte und je nach Jahreszeit wechselnde Blumenpracht rund um die barocken Schloßanlagen. Beim kleinen Mainauhafen finden die Besucher im Torkelturm übrigens ein 25000 Liter fassendes Holzfaß, das es annähernd mit dem Riesenholzfaß im Heidelberger Schloß aufnehmen kann.

Die Blumeninsel im Bodensee liegt schon in Reichweite von Konstanz, der einst mächtigen Bistumsstadt mit einem historisch ausstrahlenden Kern und beruhigenden Promenaden am Seeufer. Ins Blickfeld Europas rückte die Reichsstadt während des vierjährigen Konzils zu Beginn des 15. Jahrhunderts; damals wurde aber auch der böhmische Reformator Jan Hus auf dem Scheiterhaufen verbrannt. Schauplatz der einzigen Papstwahl auf deutschem Boden war 1417 das Konzilsgebäude, dessen Schaufassade dem Bodenseeufer zugewendet ist.

Einen guten Überblick über Konstanz' schöne Lage zwischen Ober- und Untersee hat man vom Gießberg aus, wo die moderne Universität liegt. Und wer im Stadtzentrum Weitsicht genießen will, kann auf den Münsterturm klettern.

Ein ganz anderes Paradiesgärtlein als auf der Mainau findet der Kunstinteressierte auf der Reichenau, die tatsächlich wie eine reiche Au wirkt. Die dort angepflanzten Gemüsespezialitäten haben den besten Ruf in ganz Deutschland, und die beeindruckenden Fresken in den drei Klöstern Oberzell, Mittelzell und Niederzell zählen zu den wichtigsten Kunstwerken aus der frühen Romanik. Wunderbar, auf der stillen Reichenau mit dem Fahrrad auf Entdeckungstour zu gehen und dabei geistige wie gärtnerische Kreativität vor Augen zu haben. Und zur Atmosphäre paßt, daß sich auf dem schönsten Aussichtshügel eine Töpferin niedergelassen hat.

Überlingens Charakter ist – schon landschaftlich bedingt – von einer größeren Bandbreite. Die anziehenden Punkte der alten Reichsstadt am fjordähnlichen Überlinger See reichen von der Bodenseepromenade über das – vor allem im Kirchenschiff – kunstvolle gotische Münster bis zum wunderbar gestalteten Stadtgarten. Spitze ist dort eine exotische Kakteengruppe.

Die meisten Bodenseebesucher lassen sich verständlicherweise die Besichtigung der Unteruhldinger Pfahlbauten und der Birnau nicht entgehen. Dort finden sie rekonstruierte Zeugnisse steinzeitlicher Lebensbedingungen am und im See, hier haben sie barocke Prachtentfaltung in exponierter Aussichtslage über Weinbergen vor Augen.

Zu einem ganz besonderen Wallfahrtsort hat sich auch Meersburg entwickelt. Die über tausendjährige Stadt kann es an mittelalterlicher Fachwerkromantik, an gewachsener Atmosphäre und Panorama locker mit den schönsten Touristenzielen Deutschlands aufnehmen. Dementsprechend groß ist der Andrang der Besuchermassen, die sich durchs Alte und Neue Schloß schlängeln und dabei an die Dichterin Annette von Droste-Hülshoff sowie an den Flugpionier Dornier erinnert werden. Fast ebenso malerische Ansichten wie in der hoch über Weinbergen aufragenden Oberstadt gibt's aber auch direkt am Bodenseeufer. Der Blick auf die sehenswerten Fassaden wird freilich zur Hauptsaison von einer unendlichen Palette mehr oder minder kunstvoller Souvenirs versperrt. Daß in Meersburg Essen und Trinken Leib und Seele verbinden, kann bei Felchen und Weißherbst herausgeschmeckt werden. Den Blick auf die weiße Bodenseeflotte gibt's als abrundendes Dessert.

Zu Wasser, zu Lande und in der Luft hat Friedrichshafen für Bewegung gesorgt. Eine Weltsensation allerersten Ranges waren die Zeppeline, die zu Beginn dieses Jahrhunderts in der Friedrichshafener Werft des umtriebigen Erfinders Ferdinand Graf von Zeppelin aus der Taufe gehoben wurden. Man kann sich gut vorstellen, daß die Bevölkerung mit offenen Mündern und Augen staunte, als das weit über 200 Meter lange Luftschiff «Graf Zeppelin» im August 1929 zu seinem epochalen Rundflug um die Welt startete. Die hochfliegenden Pläne mit den atemberaubenden Riesenzigarren endeten freilich nach der Explosion und Verbrennung des Zeppelins «Hindenburg» 1937 im amerikanischen Lakehurst. Im Obergeschoß des Bodenseemuseums sind in der Zeppelinsammlung Dokumente und Modelle aus dieser außergewöhnlichen Luftschiff-Zeit zu sehen. Heutzutage weht der Wind eher in Richtung Dornier-Werke, die auf den vielseitigen Flugzeugkonstrukteur Claudius Dornier zurückgehen. Seine Pläne realisierte er ab 1914 im Friedrichshafener Stadtteil Manzell – nicht weit von der Stelle, an der aus dem Bodensee am 2. Juli 1900 sich der erste Zeppelin in die Lüfte erhob.

Nicht von Industrie, sondern von Idylle und Anmut ist Wasserburg geprägt. Dieser kleine Ort wagt sich auf einer Halbinsel in den Bodensee hinein und zählt – besonders um den Malerwinkel herum – zu den ansehnlichsten Zielen am Schwäbischen Meer. Wegen Wasserburgs Aus- und Ansichten können wir es leichter verschmerzen, daß das benachbarte Lindau schon im Zeichen des bayerischen Löwen steht.

Oberschwaben und Allgäu: Herzland des Barock

Weit weniger überlaufen als der Bodensee ist sein Hinterland: Oberschwaben strahlt zwischen Linzgau und Allgäu ländlichen Charme aus. Und da hier – im Unterschied zum aufgesplitterten Neckarland – seit je das Anerbenrecht gilt und die Höfe nicht auf alle Kinder aufgeteilt wurden, blieb «das Sach» beieinander, und es entfaltete sich ein wohlhabender Bauernstand.

Doch seine eigentliche Berühmtheit verdankt dieses von Eisgleitgletschern geformte Voralpenland einer großen Zahl heilkräftiger Moorbäder und einer für Deutschland einzigartigen Perlenkette prunkvoller Barockbauten. Dreihundert Kilometer lang ist die Oberschwäbische Barockstraße, die den Autofahrer in einer Haupt- und zwei Seitenrouten zu den architektonisch so verschwenderisch wirkenden Kirchen und Klöstern leitet. Zwischen Bodensee und Donau gelangen die Kunstfreunde zu Glanzpunkten wie Obermarchtal, Steinhausen, Zwiefalten, Weingarten, Bad Schussenried oder Ochsenhausen. Im Unterschied zum italienischen Barock wirken die oberschwäbischen Gotteshäuser lichter und leichter, und beim Blick hoch zur lichterfüllten Kuppel der Abteikirche von Weingarten zeigt sich, daß Oberschwaben als «Himmelreich des Barock» treffend charakterisiert wird.

In Weingarten tauchen Künstler auf, die wir an anderen oberschwäbischen Barockjuwelen immer wieder finden: die leuchtenden Deckenfresken stammen von Cosmas Damian Asam, die Stuckarbeiten hat Franz Schmuser gestaltet, das Chorgestühl Joseph Anton Feuchtmayer geschnitzt, Orgelbaumeister war Joseph Gabler, und der Altar ist ein Werk von Frisoni und Corbellini. Entstanden ist zu Beginn des 18. Jahrhunderts in Weingarten die größte deutsche Barockkirche, die bis heute Ziel von (gläubigen oder kunstinteressierten) Wallfahrern ist.

Auch die Klosterkirche von Obermarchtal ist ein Meisterwerk der Vorarlberger Schule, die sich gleichermaßen im Münster von Zwiefalten entfaltet hat. Und wer nach Bad Schussenried gelangt, sollte sich keinesfalls die Besichtigung der Klosterkirche entgehen lassen, vor allem aber die nur kurze Strecke bis nach Steinhausen weiterfahren. Das Dörfchen wird von einem hohen Kirchturm überragt, und das Innere dieser Wall-

Schwäbische Alb

Seite 177:
Die junge Donau hat sich zwischen Fridingen und Sigmaringen ein eindrucksvolles Bett geschaffen: gekrönt von weißen Jurafelsen, schlängelt sie sich durch das enge Tal.

Seite 178:
Schloß Lichtenstein liegt wie eine Märchenburg auf den Anhöhen der Alb. Das romantische Bauwerk hat Wilhelm Hauff zu einem Roman inspiriert.

Seite 179:
Vom Stufenrand der Schwäbischen Alb blickt man an klaren Herbsttagen weit hinaus in das Albvorland bei Reutlingen.

Seite 180 oben:
Der Misthaufen vor dem Schul- und Rathaus ist auch in den abgelegeneren Orten der Alb nicht mehr alltäglich. Bei Neuhausen ob Eck hat man diese Szenerie aber in einem eindrucksvollen Freilichtmuseum nachgestellt. Schmucke Gärten prägen noch heute viele bäuerliche Anwesen und durchbrechen den Eindruck sonst karger Alblandschaft.

Unten:
Vom Hohenstaufen, einem der «Kaiserberge» genannten Zeugenberge vor dem Stufenrand der Schwäbischen Alb, reicht der Blick weit über ein buntes Mosaik aus Feldern und Dörfern.

Seite 181:
Wanderschäfer prägten lange Zeit das Bild der rauhen Alb. Ihnen verdankt die Landschaft unter anderem die charakteristischen Wacholderheiden, die heute allmählich zu einer Seltenheit werden.
Aus den Verkehrsmeldungen ist er sicherlich jedem bekannt: der Albaufstieg am Drackensteiner Hang (unten). Auch mit dem erst kürzlich erfolgten großzügigen Ausbau sind die Staus hier noch nicht von der Tagesordnung verschwunden.

Seite 182:
Relikt vergangener Zeiten: jüdische Friedhöfe wie dieser in Buttenhausen belegen noch heute, welche Bedeutung die früher zahlreichen jüdischen Mitbürger für viele aufstrebende Gemeinden hatten.

Seite 183:
Das Tal der Großen Lauter gilt noch als stilles Freizeit-Eldorado und lädt zu Fahrten mit Pferdewagen, zu Wanderungen, Rad- und Kanutouren ein.

Seite 184:
Der Blautopf bei Blaubeuren macht seinem Namen vor allem nach lang anhaltender Trockenheit alle Ehre. Hier tauchen die Wasser wieder auf, die in den trockenen Kalkuntergründen der Alb versickerten.

Seite 185:
Im Landesgestüt Marbach können große und kleine Pferdenarren edle Vierbeiner bewundern. Für Besucher stehen die altertümlichen Stallanlagen offen, die teilweise noch durch Kronleuchter erhellt werden.
Nur die letzte von drei Klostergründungen in Obermarchtal (unten) hatte Bestand. Die 1171 gegründete Einrichtung entwickelte sich zur Reichsabtei der Prämonstratenser und ist heute Sitz einer katholischen Akademie.

Seite 186:
Für Geologen ist die Schwäbische Alb eine wahre Fundgrube. Die versteinerten Überreste der Tier- und Pflanzenwelt kann man unter anderem im Urweltmuseum Hauff in Holzmaden bewundern.
Riesige Tropfsteinhöhlen wie die bekannte Bärenhöhle bei Erpfingen entstanden im Laufe von Jahrmillionen im kalkigen Untergrund der Albflächen.

Seite 187 oben links:
Reutlingen ist das Tor zu den bekanntesten Sehenswürdigkeiten auf der Alb und hat selbst eine attraktive Innenstadt vorzuweisen. Die Textilindustrie der Stadt war einst weltbekannt.

Oben rechts:
Nicht der Aal auf dem Wappen gab der Stadt Aalen den Namen, sondern die römische Reitertruppe «Ala Flavia», die im Aalener Kastell, einem der größten Kastelle am Rätischen Limes, ihren Standort hatte.

Unten:
Teuflische Fratzen blicken von den Höhen des Münsters in Schwäbisch Gmünd herab.

Seite 188:
Man muß schon außer Landes gehen, auf die bayerische Seite der Donau, um den höchsten Kirchturm der Welt am Ulmer Münster richtig bewundern zu können.

Schul- u. Rathaus

REISEBÜRO
STUTTGART
PFORZHEIM
RW-ES 503

פ״נ
אשה חכמה ונעימה
נפטרה ביום א׳ י״ט
חשון תרנ״ד לפ״ק
ונקברה כ״א חשון
ת׳נ׳צ׳ב׳ה׳
Karoline Öttinger
geb. Landauer.
geb. d. 20. Dez. 1818 gest. d. 9. Okt. 1893

fahrtskirche zeigt eine besonders harmonische Raumwirkung. Architektonische Stilmittel, plastische Dekorationen und das farbige Kuppelfresko verschmelzen in Steinhausen zu einer herausragenden barocken Einheit, und so rühmt sich der Ort mit dem Slogan, die schönste Dorfkirche der Welt zu besitzen. Die Wieskirche läßt grüßen.

Ein dominierendes Zentrum besitzt Oberschwaben nicht. Dies ist historisch bedingt, und so kommt der Besucher in den Genuß, mehrere anziehende Städte genießen zu können, deren Ortsbilder zu den schönsten in Baden-Württemberg gehören. Die Altstadt von Ravensburg kann als Musterbeispiel einer einstmals freien Reichsstadt gelten, deren Handelsbeziehungen sich im 14. und 15. Jahrhundert über weite Teile Europas erstreckten. Wie ausstrahlend und tatkräftig die Große Ravensburger Handelsgesellschaft wirkte, macht ein Gang durch die auch farblich sehr einfühlsam herausgeputzten Altstadtgassen hinauf zur Veitsburg deutlich. Beim Blick über die turmgespickte Silhouette fällt nämlich ein wuchtiger Rundturm auf. Der heißt «Mehlsack» und ist so hoch, daß die Bürger über die Mauern der Veitsburg blicken konnten und den Landvogt dort oben unter Beobachtung hatten. Zweifellos gab's deswegen ärgerliche Veitstänze.

Ein historisches Stadtbild prägt auch Pfullendorf im Oberen Linzgau. Das mittelalterliche Zentrum der einstigen Reichsstadt erstreckt sich über mehrere Terrassen, und so hat der Beobachter aus Richtung Süden ein geschlossenes Ortsbild vor Augen. Der Eindruck einer gediegenen Stadt wird noch durch die Ringmauer verstärkt, die den Pfullendorfer Kern teilweise umgürtet.

Eine der wunderbarsten Aussichtsterrassen über den Linzgau und den Bodenseeraum ist Schloß Heiligenberg. Weit reicht der Blick von der fürstenbergischen Schloßanlage hinunter ins Salemer Tal, während dahinter der Bodensee schimmert und vielleicht sogar der Säntis sichtbar wird. Jedoch bietet der markante Aussichtsberg auch naheliegende Ansichten. Der Rittersaal hat nämlich einen Superlativ aufzuweisen: die schönste handgeschnitzte Holzdecke in deutschen Landen, gestaltet in der Renaissance von Jörg Schwartzenberger.

In seinen südöstlichen Ausläufern greift Oberschwaben nach Bayern. Wangen, Leutkirch und Isny sind schon richtige Voralpenstädte, wie sie auch im benachbarten Freistaat, im österreichischen Vorarlberg oder dem Kleinen Walsertal zu finden sind. Für einen Allgäuer Schwaben ist ja der Weg nach Augsburg und München und Innsbruck näher als der in die schwäbische Landeshauptstadt. Dies hinterläßt Spuren. Sehr ansehnliche, wie Wangen, Isny und Leutkirch beweisen.

Es kommt in Deutschland nicht alle Tage vor, daß eine ganze Innenstadt unter Denkmalschutz steht. Wangen kann auf dieses Prädikat stolz sein. Die acht Hektar große Altstadt ist ein Musterbeispiel mittelalterlicher Architektur, und wer vom Marktplatz zum Ravensburger Tor spaziert, hat immer wieder Lüftlmalerei vor Augen: farbig bemalte Hausfassaden lenken die Blicke auf sich.

Am oberen Diebsgraben zeigt Isny seine schönsten Seiten. Die Ansicht von Wasser, blumengeschmückter Stadtmauer, fest gemauerten Hausgiebeln und Zwiebeltürmen läßt die Kameraverschlüsse so mancher Kurgäste klicken. Auch das weiter nördlich an der Oberschwäbischen Barockstraße gelegene Leutkirch zeigt sich als ansehnliches Ensemble mit Fachwerkhäusern, Überresten der alten Stadtmauer und aufragenden Türmen: Spätmittelalter in weitgehender Reinkultur.

So kommt man im Allgäu nicht nur wegen des Hartkäses auf den Geschmack. Dieser Leckerbissen wurde vom Schweizer Senn Johann Althaus vor 150 Jahren aus seiner Heimat hierher verpflanzt, und seitdem tragen Milchprodukte zum Wohlstand und zur Gesundheit Oberschwabens bei.

Oberes Donautal und Schwäbische Alb: Schäferstündchen im Zollernland

Wer kennt sie nicht, die Schwäbische Eisenbahn, die von Ulm aus musikalisch in Richtung Süden dampft und den einzelnen Stationen zu Nachruhm verholfen hat? Durch die Stahlrösser wurde im 19. Jahrhundert eine abseits liegende Region aus ihrem Dornröschenschlaf erweckt. Doch – trotz der Autokolonnen, die sich über den Drackensteiner Hang und den Aichelberg quälen – kann die Schwäbische Alb und die sie nach Süden hin begrenzende Donau bis heute als Naturidylle gelten. Wanderfreunde atmen hier besonders gern auf, und Schäferstündchen sind keine Seltenheit: die Alb gilt als deutsches Eldorado für Herden und Hirten, die im Winter bis zum Kaiserstuhl am Oberrhein wandern.

August Lämmle hat den Albbauern ein literarisches Denkmal gesetzt und ihr Wesen so beschrieben: «Obedruf en schwarze Deckel, Ontrem Huat en braune Möckel, E Bloohemmed statt em Rock, Leaderhose vom-e Bock, Lange Stiefel onte dra, En deam Zuig e Biederma Ond-e Jauner halb ond halb: Descht-e Bauer von dr Alb.» Gar nicht deftig-erdig, sondern märchenhaft-feudal empfängt uns die Hohenzollernburg bei Hechingen. Das «vesteste Haus in teutschen Landen» wurde zwar 1423 zerstört, vom Preußenkönig Friedrich Wilhelm IV. aber bis 1867 auf dem Bergkegel wieder aufgebaut. So wirkt die Burg heute wie der Inbegriff mittelalterlicher Wehrhaftigkeit – eine Traumfestung des Wilhelminischen Preußentums. Von ihrem Stammsitz aus kämpften sich die Hohenzollern nach Nürnberg, in die Mark Brandenburg und auf den preußischen Thron vor. Und hierher sind sie auch zurückgekehrt: in der Christuskapelle stehen die Sarkophage Friedrich Wilhelms I. und Friedrichs des Großen. Gleich nebenan bewundern die Besucherscharen in der Schatzkammer die preußische Königskrone und verlieren angesichts von Glanz und Gloria möglicherweise die Schattenseiten preußischer Herrschaft sowie die sehr friedlich stimmende Umgebung der Zollernburg aus dem Blick.

Feudale Atmosphäre bestimmt auch das Stadtbild der ehemaligen hohenzollerischen Residenzstadt Sigmaringen an der hier schon breiteren, aber immer noch schönen blauen Donau. Das fürstliche Schloß thront auf einem langen Jurafelsen und krönt zweifellos eine Donaufahrt. Nach einem Brand wurde die gewaltige Anlage vor noch nicht einmal hundert Jahren wiederaufgebaut, und seine Hauptsehenswürdigkeiten verstecken sich hinter der reich gegliederten Fassade. Prachtvolle Salons und die Waffenhalle mit 3000 (!) Kriegswerkzeugen lassen ahnen, daß auch für Hohenzollernfürsten Lust und Leid dicht beieinander lagen.

Königliche Aussichten, prunkvolle Ansichten und erhellende Einsichten sind die Attribute der Schwäbischen Alb. Als Beispiele seien genannt: der Hohenneuffen bei Bad Urach, die Barockabtei Neresheim bei Heidenheim, die Charlottenhöhle bei Herbrechtingen auf der Ostalb (mit 352 Metern die längste Schauhöhle).

In Ulm, um Ulm und um Ulm herum gibt es eigentlich nur ein im Wortsinne überragendes Ziel: das Münster. 1377 legte der Bürgermeister Ludwig Krafft bei der Grundsteinlegung einhundert Goldgulden in die Baugrube, und 1890 feierte ganz Deutschland die Fertigstellung des mit 161 Metern höchsten Kirchturms der Erde. Über fünf Jahrhunderte Baugeschichte – ein Beweis für den Mut der bedeutenden Handelsstadt im Spätmittelalter, ein Beleg aber auch für schwäbische Zielstrebigkeit und Zähigkeit.

An der Spitze des Schwäbischen Städtebundes stehend, baute Ulm seinen Einflußbereich vor einem halben Jahrtausend systematisch aus und verzeichnete nach Nürnberg das größte Herrschaftsgebiet aller freien Reichsstädte in Deutschland. Wer sich der Mühe unterzieht und den himmelhoch aufragenden gotischen Münsterturm besteigt, sieht die ganze Region und das jetzt wieder attraktive Altstadtbild wie aus der Vogelperspektive. Die Menschen tief drunten wirken wie Ulmer Spatzen, und bei Fernsicht lassen sich sogar die Alpen ausmachen. Das Ulmer Münster ist zweifellos einer der Superlative, die Baden-Württemberg in aller Welt bekannt gemacht haben.

Wir haben Ihnen in den vorangegangenen Kapiteln einige der wichtigsten und schönsten Seiten des Bindestrich-«Ländles» geschildert. Die Auswahl mußte unvollständig sein, weil die Fülle an Kultur- und Naturschätzen größer ist als in den meisten anderen deutschen Bundesstaaten. Auch deswegen kann man, wenn man Städte, Dörfer und Landschaften zwischen Main und Bodensee, Rhein und Iller erwandert, erradelt oder erfährt, leicht nach seiner Façon glücklich und fündig werden.

Front cover:
View of Lake Constance from the elevated Meersburg castle garden.

End-paper front:
Symmetry distinguishes the main façade of Stuttgart castle.

Frontispiece
and following page 200:
The inn signs, proclaiming attentive hospitality, are equally as varied as the diversified cuisine of Swabia and Baden.

End-paper back:
The Black Forest, the most extensive highland region in Germany: Hohlohsee by Kaltenbrunn in the northern Black Forest.

Back cover:
Demons in purest form: the Swabian-Alemannic carnival (fasnet) in Elzach.

Page 13 top:
The pastoral dance is one of the highlights at the traditional shepherds' meeting in Marktgröningen.

Page 13 bottom:
Ludwigsburg: castle park.

Page 14:
The Stuttgart state gallery was designed by the British architect Stirling.

Page 15:
City centre of the state capital Stuttgart.

Pages 16/17:
Landmark of Esslingen: the twin-tower of St. Dyonys.

Page 18:
Barges on the river Neckar and the Hölderlin tower in the old university town of Tübingen.

Page 19:
The old town of Tübingen.

Page 20 top:
Bietigheim: fountains on the river Enz.

Page 20 bottom:
In Sindelfingen, the wealthiest town in the state.

Page 21:
The old town hall in Marktgröningen.

Page 22:
The bowdlerisation of the EC milk cow stands in the centre of Bietigheim.

Page 23:
The monument to Friedrich Schiller in his home town of Marbach am Neckar.

Page 24:
Cloister and spring alcove in the monastery of Maulbronn.

Page 33:
Heilbronn: The renaissance town hall with artistic astronomic clock dating from 1580.

Page 34:
The largest town in Hohenlohe is Heilbronn.

Page 35 top:
The Jagst, Kocher and Tauber valleys are among the most idyllic and peaceful in the state.

Page 35 bottom:
Langeburg castle, on a high, forested ridge between the Jagst and Kocher valleys.

Page 36:
The knight with the iron fist. Götz von Berlichingen ensures that Jagsthausen is awoken from its peaceful sleep each summer: the historic Götzenburg forms an appropriate setting for Goethe's drama and other spectacular open-air performances.

Page 37:
Schöntal, the former Cistercian abbey in the Jagst valley.

Page 38:
Schwäbisch Hall: the huge staircase outside the church of St. Michael also serves as a stage for the popular outdoor theatre productions.

Page 39:
The «Madonna» has made Markelsheim by Bad Mergentheim a place of pilgrimage. Bottom: the market-place.

Page 40:
Weikersheim castle, the ancestral seat of the House of Hohenlohe, with the baroque garden.

Page 41 top:
The Mainz Electorate castle in Tauberbischofsheim houses the regional museum.

Page 41 bottom:
Mosbach in the Odenwald is the «German half-timbered town».

Pages 42/43:
Wertheim am Main is the most northerly town of Baden-Württemberg. The best view over the roofs of the town is obtained from the castle ruins.

Page 44:
The market-place in Wertheim.

Page 57:
The Odenwald and the Neckar valley together form a nature reserve.

Page 58:
Mannheim, the second largest city in Baden-Württemberg, with the water tower as landmark, is situated at the confluence of the Neckar and Rhine and is contiguous with Ludwigshafen (Rhineland Palatinate).

Page 59:
The Luisen park in Mannheim.

Page 60:
The castle park of the asparagus metropolis Schwetzingen: in addition to the mosque, the main attraction is the Temple of Apollo.

Page 61:
Heidelberg: The attractive side of the old Baden university city is revealed most impressively here beside the Neckar.

Page 62:
Further views of Heidelberg. Top: the library. Bottom: the market-place in the old town.

Page 63:
The Neckar offers fine opportunities for all kinds of water sports, above all between Eberbach and Heidelberg.

Pages 64/65:
The picture-book citadel of Dilsburg high above the Neckar: the best vantage point for a view of the river and Odenwald.

Pages 66 and 67:
Spectacular demonstrations by birds-of-prey at Guttenburg castle. Huge eagles and hawks with their prey firmly in sight and grip swoop just above the heads of visitors. The castle accommodates winged creatures from Indian and Oriental cultures.

Page 68:
The Kraichgau has been a transit zone with good communication routes since time immemorial. It is therefore entirely appropriate that Sinzheim possesses a fascinating transport museum.

Page 77:
Karlsruhe: Art nouveau fountain in the splendid, grand ducal castle park.

Page 78:
Class and classicism in Karlsruhe: pyramid outside the town hall; in the castle park (top right); and the castle façade.

Page 79:
Favourite among the castles of northern and central Baden: the Favorite country seat of the margrave near Rastatt.

Pages 80/81:
Baden-Baden: in the 19th century the best address in Europe for those with name and social status, who wished to recover their health in exclusive surroundings and indulge their passion for gambling.

Page 82:
In Offenburg fabulous creatures get up to all sorts of mischief to the delight of the children.

Page 83:
Lust for life and entertainment is writ large in the Ortenau and Breisgau: no wonder, since the Upper Rhine is the most climatically favoured region of Germany. Three examples: in the Tennenbach valley, on the Ortenberg citadel by Offenburg and in the Rust Europe Park.

Page 84:
In the Kinzig valley: Zell am Harmersbach.

Page 85:
The Kaiserstuhl is the wine-growing centre of Germany.

Page 86:
Autumn in the Black Forest with the ruins of Landeck castle near Teningen.

Page 87:
The terraced landscape of the Kaiserstuhl was created by human hands.

Page 88:
View south-west of the south-west and to the Jura heights from the ruins of Rötteln castle (high above Lörrach).

Page 97:
In the Dorotheen glassworks at Wolfach visitors themselves can try their skill at the ancient craft of glass blowing.

Page 98:
A pile of basketry stacked at Hausach. The neat little toys museum in Bad Herrenalb (top). The traditional Black Forest cuckoo clock is usually still hand made.

Page 99:
The ruins of the former Hirsau monastery, which attracts many visitors every summer to its numerous concerts.

Page 100:
The mediaeval façades are still preserved around the market place of Calwer.

Page 101:
The Vogts farmstead in the Gutach open-air museum is considered the very quintessence of the Black Forest farm. Bottom: a wholesome snack.

Pages 102/103:
Water power has always been among the main-springs of development in the Black Forest. Here the «Hexenloch mill» in the Wildgutach valley by Furtwangen.

Page 104:
The Triberg waterfall on the Gutach river is the largest and most beautiful in Germany.

Page 105 top:
An inviting network of paths radiates from the foot of the Brend.

Page 105 bottom:
One of the most idyllic geological phenomena: the Glaswald lake by Bad Peterstal.

Page 106:
Further beauty spots in the Black Forest: Top right: St. Peter's church in the Dreisam valley. Bottom right: The «Goldene Engel» in the Glotter valley.

Page 107:
Carnival revelry has a long tradition in the Black Forest, as here at Villingen.

Page 108:
The little town of Waldkirch in the Elz valley has a tradition of organ making, both church organs and barrel-organs.

Page 121:
One of the most idyllic squares in Freiburg.

Page 122:
Views of Freiburg cathedral with its tower 116 metres high. Opposite is a historic store.

Page 123 top:
Cogitation is a routine activity in the University of Freiburg.

Page 123 bottom:
The market around Freiburg cathedral.

Pages 124/125:
The High Black Forest is the largest and most afforested sub-Alpine range in Germany.

Pages 126/127:
The High Black Forest also has a raw climate here in the charming Münster valley between Staufen and Belchen.

Page 128:
The giant dome of St. Blasien abbey flooded with light.

Page 129:
The Belchen mountain (1414 metres) is by far the finest scenic vantage point in the Black Forest.

Page 130:
The townscape of Laufenburg overlooks the steep bank of the Upper Rhine.

Page 131 top:
Waldshut on the Upper Rhine: the atmosphere of the town has a Swiss flavour.

Page 131 bottom:
The trumpeter of Säckingen, the well-known spa on the Upper Rhine.

Page 132:
Skyscape above the Hotzenwald.

Page 141:
The harbour at Constance on Lake Constance.

Page 142:
Lake Constance and Hegau are among the most traditional carnival venues in Baden-Württemberg.

Page 143 top:
The island of Reichenau in Lake Constance is distinguished by Romanesque church buildings.

Page 143 bottom:
The castle façade of Blumenfeld.

Pages 144/145:
The island of Mainau – a paradise garden unique in Germany.

Page 146:
On the lake bridge in Constance, in the church of Birnau, in the harbour by the Constance council building, in the rose garden on Mainau.

Page 147:
In the cathedral of Constance.

Page 148:
The reconstructed pile dwellings at Unteruhldingen.

Page 157:
Baroque splendour of the stairway at Bad Wurzach castle.

Page 158:
The baroque basilica of the cathedral in Weingarten is the largest north of the Alps.

Page 159:
Morning calm by Bad Buchau on the Federsee.

Page 160 top:
The sculptures park outside the gates of Bad Buchau is the legacy from a competition.

Page 160 bottom:
The Bussen with an elevation of 767 metres is one of the highest points in Upper Swabia.

Page 161:
Evening in Biberach.

Pages 162/163:
Around Isny the state of Baden-Württemberg with the Allgäu assumes the charming character of the pre-Alpine landscape.

Page 164:
Weekly market in Ravensburg. Fruit and hops (by Tettnang).

Page 165:
In the old town of Wangen (top left), Biberach (top right), Pfullendorf (bottom left) and the new and old town hall of Biberach (bottom right).

Pages 166/167:
Sigmaringen with its castle overlooking the town.

Page 168:
The musicians fountain outside the town hall in Donaueschingen provides the stage for an entire orchestra of water players.

Page 177:
The young Danube between Fridingen and Sigmaringen.

Page 178:
Lichtenstein castle is situated in fairytale style on the high ground above the Alb.

Page 179:
Autumn view from the Swabian Alb far away towards the Neckar valley.

Page 180:
Rural idylls in the Swabian Alb. Top left: open-air museum by Neuhausen ob Eck.

Page 181:
Nomadic shepherds long provided the typical picture of the Swabian Alb. Today there are more «four-wheeled» travellers than four-legged.

Page 182:
Relic of bygone days: the Jewish cemetery in Buttenhausen.

Page 183:
The valley of the Grossen Lauter river.

Page 184:
The «Blautopf» by Blaubeuren: the waters emerge here which percolated into the dry limy subsoil of the Alb.

Page 185 top:
The Marbach state stud-farm.

Page 185 bottom:
The monastery of Obermarchtal founded in 1171 is today the headquarters of the Catholic Academy.

Page 186 top:
Petrified remains in the Hauff antediluvian museum in Holzmaden.

Page 186 bottom:
Huge stalactite caves: the Bären caves by Erpfingen.

Page 187:
In Reutlingen (top left), Aalen (top right) and Schwäbisch Gmünd, where devilish grimaces peer down from the cathedral.

Page 188:
It is necessary to leave the state for the Bavarian side of the Danube, in order properly to admire the tower of Ulm cathedral, the highest in the world.

Jaquette recto:
Vue du lac de Constance depuis le parc du château de Meersburg, en surplomb.

Pages de garde au recto:
On remarque la symétrie de la façade principale du château de Stuttgart.

Frontispice et après page 200:
Les auberges accueillantes et soignées arborent des enseignes aussi diversifiées que la cuisine de Souabe et du pays de Bade.

Pages de garde au verso:
La Forêt-Noire est le principal massif montagneux d'Allemagne. Le Hohlohsee près de Kaltenbrunn, dans la partie nord.

Jaquette verso:
Démonisme dans la culture rhénane: le carnaval souabo-alémanique (Fasnet) d'Elzach.

Page 13, en haut:
La danse des bergers est l'un des moments marquants du traditionnel «Schäferlauf» de Markgröningen.

Page 13, en bas:
Ludwigsburg, le parc du château.

Page 14:
La Galerie d'Etat de Stuttgart, due à l'architecte anglais Stirling.

Page 15:
Centre de Stuttgart, capitale du Bade-Wurtemberg.

Pages 16/17:
Le double clocher de Sankt-Dyonys qui caractérise Esslingen.

Page 18:
Le Neckar, ses embarcations et la tour du Hölderlin dans la vénérable ville universitaire de Tübingen.

Page 19:
La vieille ville de Tübingen.

Légendes en Français

Page 20, en haut:
Bietigheim, jeu d'eau sur l'Enz.

Page 20, en bas:
A Sindelfingen, la plus riche ville du pays.

Page 21:
L'ancien hôtel de ville de Markgröningen.

Page 22:
Erigé au centre du Bietigheim, ce monument représente la vache à lait européenne.

Page 23:
Le monument Friedrich Schiller dans sa ville natale de Marbach-sur-le-Neckar.

Page 24:
Le cloître et la fontaine en saillie du monastère de Maulbronn.

Page 33:
Heilbronn, l'hôtel de ville Renaissance et son horloge astronomique de 1580.

Page 34:
Heilbronn est la principale ville du Hohenloh.

Page 35, en haut:
Les vallées de Jagst, Kocher et Tauber comptent parmi les régions les plus idylliques et les plus calmes du pays.

Page 35, en bas:
Le château de Langeburg, sur une éminence boisée entre les vallées de Jagst et de Kocher.

Page 36:
Le chevalier au poing de fer. Chaque été, Götz von Berlichingen tire Jagsthausen de sa torpeur: le château historique de Götzenburg fournit un décor approprié au drame de Goethe et à d'autres spectacles en plein air.

Page 37:
Dans le Jagsttal, l'ancienne abbaye cistercienne de Schöntal.

Page 38:
Schwäbisch Hall, l'imposant escalier qui mène à l'église Sankt-Michael sert aussi de scène à des spectacles en plein air réputés.

Page 39:
La Madone de Markelsheim, près de Bad Mergentheim, est devenue un pèlerinage. En contre-bas, la place du marché.

Page 40:
Avec son jardin baroque, le château de Weikersheim d'où est issue la maison des Hohenlohe.

Page 41, en haut:
Le château de Tauberbischofsheim, qui a appartenu aux Electeurs de Mayence, abrite aujourd'hui le musée du Land.

Page 41, en bas:
Mosbach, dans l'Odenwald, est la ville du colombage allemand.

Pages 42/43:
Wertheim-sur-le-Main est la ville la plus septentrionale du Bade-Wurtemberg. Le château-fort en ruine offre la plus belle vue sur les toits de la ville.

Page 44:
La place du marché de Wertheim.

Page 57:
L'Odenwald forme un parc naturel avec la vallée du Neckar.

Page 58:
Située au confluent du Neckar et du Rhin, caractérisée par sa tour qui baigne dans l'eau, Mannheim est la deuxième ville du Bade-Wurtemberg. Elle constitue une seule agglomération avec Ludwigshafen (Rhénanie-Palatinat).

Page 59:
Mannheim, le parc Louise.

Page 60:
Le parc du château de Schwetzingen, la métropole des asperges. Avec la mosquée, le temple d'Apollon y constitue la principale attraction.

Page 61:
Heidelberg, la vieille ville universitaire badoise, se présente sous son meilleur jour le long du Neckar.

Page 62:
Autres vues de Heidelberg. En haut, la bibliothèque. En bas, la place du marché dans la vieille ville.

Page 63:
C'est surtout entre Eberbach et Heidelberg que le Neckar offre de bonnes possibilités aux sports nautiques en tous genres.

Pages 64/65:
Digne d'un livre d'image, le château-fort de Dilsburg se dresse en surplomb du Neckar. Il offre le meilleur point d'observation du fleuve et de l'Odenwald.

Pages 66/67:
Spectaculaire présentation de rapaces au château de Guttenberg. Aigles et faucons frôlent la tête des spectateurs en enserrant fermement leur proie. Le château abrite des figures ailées issues des cultures indiennes et orientales.

Page 68:
Le Kraichgau est depuis toujours un pays de transit. Il est donc logique de trouver à Sinzheim un fascinant musées des transports.

Page 77:
Karlsruhe, fontaine Jugendstil dans le grandiose parc du château grand-ducal.

Page 78:
Classe et classicisme à Karlruhe: la pyramide devant l'hôtel de ville, le parc (en haut à droite) et la façade du château.

Page 79:
Le château de plaisance Favorite, près de Rastatt, le favori des châteaux du nord et du centre du pays de Bade.

Pages 80/81:
Baden-Baden était au XIXe siècle le lieu de villégiature le plus huppé d'Europe. Une société choisie y soignait sa santé et y jouait au casino.

Page 82:
D'étranges êtres issus des contes de fées s'ébattent à Offenburg pour la joie des enfants.

Page 83:
Joie de vivre et animation sont proverbiales en Ortenau et en Brisgau. Il ne faut pas s'en étonner, car le haut Rhin est la région au climat le plus favorisé d'Allemagne. Trois exemples: la vallée du Tennenbach, le château d'Ortenberg près d'Offenburg et l'Europapark de Rust.

Page 84:
Zell-am-Harmersbach, dans la vallée du Kinzigtal.

Page 85:
Le Kaiserstuhl est le centre viticole de l'Allemagne.

Page 86:
L'automne dans la Forêt-Noire, avec les ruines du château-fort de Landeck, près de Teningen.

Page 87:
Les hommes ont créé les terrasses du Kaiserstuhl.

Page 88:
Une vue du sud-ouest du Bade-Wurtemberg jusqu'aux contreforts du Jura, depuis les ruines du château-fort de Rötteln (en-dessus de Lörrach).

Page 97:
La Dorotheenhütte de Wolfach permet aux visiteurs de s'essayer à l'art très ancien du souffleur de verre.

Page 98:
La vannerie ne manque pas à Hausach. Le charmant musée des jouets de Bad Herrenalb (en haut). Le coucou de la Forêt-Noire original se fabrique en général à la main aujourd'hui encore.

Page 99:
Les ruines de l'ancien couvent de Hirsau attirent chaque été les amateurs de concerts.

Page 100:
Les façades médiévales ont été préservées autour de la place du marché de Calwer.

Page 101:
Le Vogtshof, dans le musée en plein air du Gutach, représente le standard de la ferme de la Forêt-Noire. En bas, un goûter plantureux.

Pages 102/103:
L'énergie hydraulique a toujours contribué au développement de la Forêt-Noire. Voici le moulin de Hexenloch, dans le Wildgutachtal, près de Furtwangen.

Page 104:
Le cascade de Triberg, sur le Gutach, est la plus grande et la plus belle d'Allemagne.

Page 105, en haut:
Un réseau de plaisants chemins pédestres s'étend au pied du Brend.

Page 105, en bas:
Un témoin idyllique de la géologie: le Glaswaldsee près de Bad Peterstal.

Page 106:
D'autres charmes de la Forêt-Noire: en haut à droite, l'église Sankt-Peter dans le Dreisamtal; en bas à droite, l'auberge du «Goldener Engel» dans le Glottertal.

Page 107:
La folie a ses traditions en Forêt-Noire, comme ici à Villingen.

Page 108:
La bourgade de Waldkirch, dans l'Elztal, a une longue tradition de manufacture d'orgues, aussi bien de grandes orgues que d'orgues de barbarie.

Page 121:
L'une des places les plus charmantes de Fribourg-en-Brisgau.

Page 122:
L'église principale de Fribourg-en-Brisgau avec son clocher de 116 mètres. En face, un commerce historique.

Page 123:
L'Université de Fribourg-en-Brisgau. Le marché qui entoure l'église principale de Fribourg-en-Brisgau.

Pages 124/125:
La Forêt-Noire supérieure est le plus grand et le plus boisé massif montagneux d'Allemagne.

Pages 126/127:
La Forêt-Noire supérieure connaît un climat rude, même dans la charmante vallée de Münster, entre Staufen et Belchen.

Page 128:
Inondée de lumière, l'immense coupole du couvent de Sankt-Blasien.

Page 129:
Le Ballon (1414 mètres) est la montagne de la Forêt-Noire, de laquelle on a la plus belle vue.

Page 130:
La ville de Laufenburg domine les rives abruptes du haut Rhin.

Page 131, en haut:
La ville de Waldshut, sur le haut Rhin, a un petit air suisse.

Page 131, en bas:
Le trompette de Säckingen, sur le haut Rhin, lieu célèbre pour ses bains.

Page 132:
Le ciel sur le Hotzenwald.

Page 141:
Le port de Constance sur le lac du même nom.

Page 142:
Les environs du lac de Constance et le Hegau comptent parmi les régions de Bade-Wurtemberg qui ont les plus fortes traditions de carnaval.

Page 143, en haut:
L'île de Reichenau, sur le lac de Constance, est connue pour ses églises romanes.

Page 143, en bas:
La façade du château de Blumenfeld.

Pages 144/145:
L'île de Mainau, un jardin paradisiaque unique en Allemagne.

Page 146:
Le pont du Bodensee, à Constance, l'intérieur de l'église de Birnau, près du port et du bâtiment où s'est rassemblé le concile de Constance, le jardin des roses à Mainau.

Page 147:
Intérieur de l'église principale de Constance.

Page 148:
Le village lacustre reconstitué à Unteruhldingen.

Page 157:
Splendeur baroque dans la cage d'escalier du château de Bad Wurzach.

Page 158:
La basilique baroque de la cathédrale de Weingarten passe pour être la plus grande au nord des Alpes.

Page 159:
Le matin près de Bad Buchau, au bord du Federsee.

Page 160, en haut:
Le parc de sculptures devant les portes de Bad Buchau est le produit d'un concours d'art.

Page 160, en bas:
Le Bussen, 767 mètres, est l'un des points culminants de la Haute-Souabe.

Page 161:
Le soir à Biberach.

Pages 162/163:
Avec l'Allgäu près d'Isny, le Land de Bade-Wurtemberg a aussi sa part de paysages charmants des Préalpes.

Page 164:
Marché hebdomadaire à Ravensburg. Fruits et houblon (près de Tettnang).

Page 165:
La vieille ville de Wangen (en haut à gauche), Biberach (en haut à droite), Pfullendorf (en bas à gauche), le nouvel et l'ancien hôtels de ville de Biberach (en bas à droite).

Pages 166/167:
Sigmaringen et son château qui domine la ville.

Page 168:
La fontaine des musiciens, devant l'hôtel de ville de Donaueschingen, fait jouer tout un orchestre avec de l'eau.

Page 177:
Le jeune Danube entre Fridingen et Sigmaringen.

Page 178:
Le château de Lichtenstein se dresse sur les hauteurs des Alpes de Souabe comme dans un conte de fées.

Page 179:
Vue automnale des Alpes de Souabe, très loin jusque dans la vallée du Neckar.

Page 180:
Les beautés champêtres des Alpes de Souabe. En haut à gauche, le musée en plein air de Neuhausen-ob-Eck.

Page 181:
Des bergers itinérants ont longtemps fait partie du paysage des Alpes de Souabe. Aujourd'hui, les automobiles remplacent les troupeaux.

Page 182:
Témoin du passé, le cimetière juif de Buttenhausen.

Page 183:
La vallée de la Grosse Lauter.

Page 184:
Le Blautopf près de Blaubeuren, résurgence des eaux qui disparaissent dans le sous-sol calcaire des Alpes de Souabe.

Page 185, en haut:
Marbach, haras du Land.

Page 185, en bas:
Fondé en 1171, le couvent d'Obermarchtal est aujourd'hui le siège de l'Académie catholique.

Page 186, en haut:
Des fossiles exposés au Musée paléontologique de Hauff, à Holzmaden.

Page 186, en bas:
Immense grotte à stalactites, la Bärenhöhle près d'Erpfingen.

Page 187:
Reutlingen (en haut à gauche), Aalen (en haut à droite) et Schwäbisch Gmünd, où des démons grimacent du haut de l'église principale.

Page 188:
Il faut quitter le Bade-Wurtemberg et gagner la rive bavaroise du Danube pour contempler le plus haut clocher du monde, celui de l'église principale d'Ulm.

Inhalt

Baden-Württemberg

1 : 1 500 000

0 10 20 30 40 50 km

Aus Alexander Weltatlas
Ernst Klett Schulbuchverlag, Stuttgart 1989

GASTHAUS
SCHUETZEN

etshaus zum Wilden

ZUM GOLDENEN ENGEL

Gasthof
König
von
Preußen
seit
1870